고병구 수필집

마음으로 여는 창

고병구 수필집
마음으로 여는 창

초 판 1쇄 발행 | 2021년 9월 20일
초 판 2쇄 발행 | 2022년 4월 15일

지은이 | 고병구
펴낸이 | 홍윤경
상임고문 | 김애양
북디자인 | 오정화

펴낸곳 | 도서출판 재남
주소 | 서울 강남구 역삼동 769 정도빌딩
대표전화 | 070-8865-5562
전자우편 | onionmilk@hanmail.net
출판등록 | 제2014-29호

저작권자 2021 ⓒ 고병구

* 이 책의 저작권은 저자에게 있습니다.
ISBN 979-11-88083-47-3 03810

값 | 15,000원

* 잘못 제본된 책은 바꿔드립니다.

Printed in KOREA

고병구 수필집

마음으로 여는 창

재남

작가의 말

내 인생의 글쓰기

　의원을 열고 35년이 흘렀는데 그 동안 설과 추석 연휴 3~4일을 제외하곤 한 주일의 휴가도 다녀온 적이 없다. 가족에겐 미안한 일이지만 여행이나 휴가를 떠나는 것보다는 진료실을 지키는 게 마음이 편하다. 세상일로 번거롭던 마음도 환자들을 대하는 순간 깡그리 사라져 버린다. 물론 늘 마음을 집중할 수밖에 없는 긴장된 생활이라 '언제까지 이렇게 살아야 하나?' 하는 회의에 빠진 적도 있다. 그런데 언제부턴가 의사로서의 삶을 숙명처럼 받아들이게 되었고 몸에 아주 잘 맞는 옷을 입은 것처럼 편안한 느낌으로 나날을 보낸다. 나 자신이 환자가 되었다가 회복된 뒤부터가 아니었던가 싶다. 종일 환자들을 보아도 피로하거나 지치는 일이 없다. 요즘은 주어진 모든 시간을 음미하듯 보내려고 노력하는 중이다. 저녁과 새벽

| 마음으로 여는 창 |

시간에는 책을 읽거나 글을 쓰면서 새로운 에너지를 얻는다. 밀린 숙제를 하듯 바쁜 삶이지만 설레는 마음으로 아침을 맞을 수 있어서 좋다.

젊은 날을 돌아보면 철없이 허송하며 지나온 시간들이 많았다. 떳떳하고 자랑스러운 일보다는 부끄럽고 숨기고 싶었던 기억들이 더 많은 것 같다. 하지만 이젠 그 어느 것도 숨겨야 할 필요가 없다. 어두웠던 날들의 기억이라 해도 더 이상 내게 아픔이 되지 않고 나를 부끄럽게 만들지도 않는다. 한때 머릿속에서 지워버리고 싶었던 기억들이 지금은 더 소중한 추억으로 살아나고는 한다. 그들로 인해 내가 더 단단해졌고 삶의 깊이가 더해졌기 때문이다.

내게 문학적인 재능이 있다고는 믿지 않는다. 하지만 내 인생의 진실을 말하는 데는 부족함이 없으리라 생각한다. 내 삶의 밝았던 부분들과 어두웠던 부분들 모두를 글 속에 담고 싶다. 어둡고 그늘진 나날들 속에도 숨겨진 알갱이들이 있다. 그냥 흘려보내지 않으려면 글로써 알곡을 챙기는 작업을 해야 한다. 남은 내 인생에 가장 의미 있는 일이 될 것 같다.

인류의 물질문명은 끊임없이 발전해 왔는데 정신문명은 왜 제자리걸음만 하는지 의문이 들고는 했다. 우리의 정신문명을 살펴보면

옛사람이라 하여 그 깊이가 지금보다 못하지 않았고 더 뛰어나고 더 여유로웠던 사람들도 많았다. 원시의 모습으로 태어나 각자의 마음속에서 자라다가 육신과 함께 사라지는 것이 우리의 정신이다. 빠른 성장을 위한 지름길도 없고 다른 사람이 쌓은 인격의 탑 위에 올라설 수도 없다. 스스로 노력하지 않으면 자랄 수 없는 것이 우리의 정신세계이다. 지식의 세계보다 엄격한 것이 지혜의 영역이다. 하지만 늘 같은 모습인 것 같아도 시간 속에서 여물어 가는 것이 정신이다. 빠르고 느릴 수는 있지만 매일 조금씩 나무가 자라듯이 커가야 한다.

자기성장을 위해서는 자기성찰이 필요하다. 그리고 철저한 자기부정도 반드시 거쳐야 할 과정이다. 책을 읽으면서 마음을 풍요롭게 하고 글을 쓰면서 자신을 돌아보아야 한다. 스스로를 보듬고 다듬는 과정을 거쳐야 한다. 그러나 자신의 마음 밭을 가꾸는 일에도 기쁨과 즐거움이 있다는 것은 다행한 일이다.

인생에는 운명처럼 스치는 인연들이 있다. 어떻게 그런 인연들이 내게 왔을까? 이 세상에 나를 있게 한 최고의 인연이지만 이젠 하늘나라에 계신 부모님이 많이 그립고, 평생을 함께 할 인연으로 곁을 지켜주는 아내에게 고마울 따름이다. 구석진 시골에 묻혀있던 내게

| 마음으로 여는 창 |

새로운 기회를 열어주신 친척이자 은사이신 고무림 선생님, 멀리 계시지만 다시 찾아뵙고 싶다. 그 외에도 나를 이쁘게 봐 주시는 많은 분들이 계시다. 일일이 고마움을 전할 수는 없지만 언제나 같은 마음으로 건강하게 살아가고 있다는 것을 글을 통해 알려드리고 싶다. 그리고 책을 내도록 격려하고 도움을 주신 의사수필가협회 김애양 선생님, 딱딱한 글인데 공감해 주시고 고운 책으로 엮어주신 도서출판 〈재남〉 홍윤경 대표님과 출판가족 여러분께 고마움을 전한다.

 다시 오지 않을 나의 청춘에 대한 그리움을 가슴에 안고 정리해본 것이다. 시간은 되돌릴 수 없지만 청년의 마음으로 남은 인생을 살아가고 싶다. 수많은 인연들과 엮이면서 살아온 날들에 대해 깊은 애정을 느낀다.

2021년 9월

고병구

차례

작가의 말
내 인생의 글쓰기 | 4

1부 · 그리운 시절, 보고 싶은 얼굴들

그리운 시절, 보고 싶은 얼굴들 | 16

그리운 오월에 | 19

달걀꾸러미에 치이다 | 22

달빛 흐르는 고향의 들판에서 | 27

도시와 고향 | 31

세 가지 과제물 | 35

아카시아 꽃향기 날리는 날에 | 39

의사의 길 | 44

| 마음으로 여는 창 |

어머니의 눈물 | 47

잃어버린 우정 | 51

초복 | 57

큰누나에 대한 소회(所懷) | 61

패랭이꽃 | 66

가장 소중한 인연 | 71

2부 • 마음으로 여는 창

마음으로 여는 창 | 78

다시는 내게 치료받으러 오지 마세요 | 83

부끄러운 하루 | 87

사자가 울고 있다 | 92

어머니의 생활철학 | 96

이발과 도깨비방망이 | 100

작은 거인 | 105

좋은 친구를 갖고 싶다 | 108

통증과 싸우는 밤 | 112

잡초 같은 인생 | 116

날마다 후회하며 | 121

원망을 할 것인가 | 125

공감에 대하여 | 128

준비된 하루 | 137

새해를 맞으며 | 140

3부 · 좋은 아침, 좋은 만남

저무는 내 인생을 바라보면서 | 146

한 그루 고목(古木)이기를 | 150

나는 오늘 일본으로 떠난다 | 154

| 마음으로 여는 창 |

나의 처세술 | 158

나이 듦에 대하여 | 162

다 나쁜 건 아냐 | 166

행복의 실마리 | 170

영원한 시간의 흐름 속에서 | 174

산길을 걸을 때는 | 177

저녁엔 읽고 아침엔 쓴다 | 179

코로나-19로 인해 얻는 것 | 183

건강을 위하여 | 187

덤으로 사는 인생 | 192

좋은 아침, 좋은 만남 | 197

뜻깊은 하루 | 200

4부 · 아름다운 세상을 위해

스타들의 시대 | 206

진정한 사과 | 210

아름다운 이름 | 214

삶의 진실에 대하여 | 218

소유에 대하여 | 222

오해에 대하여 | 226

비물리적 대결에 대하여 | 229

열심히 사는 사람 | 234

이분법적 사고 | 237

이상과 현실 | 241

씨소를 기다리며 | 245

청년들에게 하고 싶은 말 | 249

더 나은 미래를 위해 | 253

아름다운 세상을 위해 | 257

| 마음으로 여는 창 |

마음으로 여는 창

그리운 시절, 보고 싶은 얼굴들

그리운 오월에

달걀꾸러미에 치이다

달빛 흐르는 고향의 들판에서

도시와 고향

세 가지 과제물

아카시아 꽃향기 날리는 날에

의사의 길

어머니의 눈물

잃어버린 우정

초복

큰누나에 대한 소회(所懷)

패랭이꽃

가장 소중한 인연

고 병 구 수 필 집

그리운 시절,
보고 싶은 얼굴들

그리운 시절, 보고 싶은 얼굴들

　지나간 시절은 언제나 그리움으로 남는다. 그리고 그 그리움 속엔 보고 싶은 얼굴들이 있다.
　이 세상에서 다시 뵐 수 없는 분들이지만 생각만 해도 가슴속이 아릿해 온다. 함께 했던 그 시절로 돌아가고 싶어도 이미 닫혀버린 시간의 문을 열 수가 없다. 그들을 만나기 위해서는 내가 그들에게로 가야만 한다. 하지만 우리가 다시 만날 때 서로를 기억하고 있을까? 살가웠던 지난날을 떠올리며 인연을 이어갈 수 있을까? 지나간 기억들을 간직한 채 다시 만나는 세상이 열리기를 기대하고 또 기대한다.
　아직도 어딘가에서 살아가고 있을 그리운 얼굴들도 있다. 이 세상을 떠나기 전에 다시 만나 작별인사를 나누고 싶다. 내게 그리움의 대상이었거나 내가 그리움의 대상이었던 사람들이다. 모두 내 마음 한 조각을 떼어간 사람들이다. 한 때 지나가는 바람처럼 스쳐간 인연들이었으나 지금도 내 가슴속에 작은 기쁨을 솟아나게 하는 샘물 같은 존재들이다. 그중엔 사랑이 뭔지도 몰랐던 어린 시절에 헤어진, 기억조차 가물가물한 얼굴도 있다.

마음에 두었던 말 한마디 하지 못하고 떠나보낸 이들이지만 가끔 옛 모습이 떠오를 때면 잔잔하던 가슴에 잔물결이 이는 것을 느낀다. 피어오르는 그리움을 금방 접으면서도 가슴속은 어느새 따스하게 데워져 있다. 나 혼자만 좋아했을까? 나 혼자만 그리워했을까? 물어볼 수도 없고 답을 들을 수도 없다. 그런데도 세상운명이 끝나기 전에 그들을 꼭 한번 만나고 싶다. 지금은 어떤 모습들을 하고 있을까?

한꺼번에 그들 모두를 만나는 자리가 있었으면 좋겠다. 그들을 만나는 순간 나의 표정을 그려 본다. 반갑고 기쁜 마음으로 그들에게 달려가 지난날 내 마음을 털어놓으면 가슴속이 시원하게 씻겨 내려갈 것 같다. 그 동안 내 마음속에 그리움이었다고, 덕분에 행복했었다고 말할 수 있었으면 좋겠다. 아니 아무런 말을 하지 않아도 좋다. 오래 전에 그리하였듯이 그냥 눈인사를 나누는 것만으로도 좋다. 스치듯이 지나가는 짧은 만남이면 어떠랴! 옛날에 고백하지 못했던 말

마음으로 여는 창

은 꺼내지도 못하고 새롭게 이어가지 못할 인연이라 해도 가슴 밑바닥에 괴어있는 앙금을 비우는 것처럼 마음이 홀가분해질 것 같다. 얼굴을 대하고 지난 기억을 떠올리기만 해도 그보다 재미난 일은 없을 것 같다. 세상을 떠나기 전 이들과의 만남은 상상만 해도 마음이 즐겁다.

그리고 나를 향하는 마음을 접게 하였던 이들도 다시 만날 수 있었으면 좋겠다. 마음이 상하였더라도 인연이 아니어서 미안하다고, 내가 너그럽지 못하였고 지혜롭지 못하여 마음 아프게 해서 미안하다는 말을 전하고 싶다. 차갑게 내친 내말이 마음에 상처로 남아있지 않았으면 좋겠다. 모두들 건강한 모습으로 잘 살았으면 좋겠다. 이미 세상을 떠난 이가 있다면 더 좋은 세상에서 행복하기를 진심으로 바란다고 하늘을 향해 빌고 싶다. 돌이켜보면 모두들 내 가슴을 따뜻하게 해주었던 사람들이다.

부도난 수표처럼 흘러간 인연들이지만 언젠가 다시 만날 날이 오기를 기대해 본다. 내 가슴에 품었던 생각들을 털어놓아도 부끄럽지는 않을 것 같다. 바보 같은 세월을 말 한 번 꺼내지 못하고 떠나보낸 것이 억울하지는 않을 것 같다. 백년이 흘러도 지워지지 않을 마음 같지만 아쉬움을 모두 지우고 훨훨 날아오를 수 있을 것 같다. 그들을 다시 만난다는 생각만으로도 가슴 설레는 순간이다.

그리운 시절 보고 싶은 얼굴들이여, 모두 안녕!

그리운 오월에

　나는 지금 많이 아프다. 어느 해보다 가슴 저린 오월이다. 해마다 이맘때면 고향을 찾고는 했었는데 이렇게 푸른 계절이 와도 멀리서 오월을 보내기는 40년 만에 처음이다. 그처럼 찬란하던 오월이 이토록 무겁게 다가올 줄은 몰랐었다. 이제 고향에는 찾아뵐 부모님이 계시지 않는다. 나를 기다려주실 부모님이 없다. 반갑게 맞아주시던 부모님의 모습을 그림자로도 볼 수가 없다. 부모님의 허상만 안고 남은 날들을 보내야 한다. 텅 빈 가슴으로 그리움을 씹으며 보내는 오월이 올 것이라곤 꿈에도 생각지 못했다. 시간이 흐를수록 고향은 마음에서 멀어질 줄 알았는데 자꾸만 내게로 더 가까이 오고 있다. 거인처럼 우뚝 선 오월이 내 마음을 흔들고 있다.

마음으로 여는 창

다시는 이 세상에서 볼 수 없는 분들의 모습이 사진첩을 넘기듯이 머릿속을 지나간다. 9년 전에 떠나가신 아버지, 작년에 돌아가신 어머니 그리고 두 해 전에 떠난 큰누나가 생전의 모습으로 다가온다. 잠시 내 곁을 맴돌다가 말 한마디 없이 멀어져 간다. 마음은 잡고 싶은데 옷깃조차 만질 수가 없다. 생전에 나누지 못했던 말들이 목에 걸렸는데 들려드릴 수가 없다. 지나간 모든 기억들을 간직한 채 다시 만날 수 있는 세상이 열렸으면 좋겠다. 못다 한 말들을 쏟아놓으며 마음을 나눌 수 있다면 그 기쁨 어찌 말로 다하랴!

작년 늦가을에 어머님을 보내고 지난 1월의 생신과 설에도 고향을 찾지 않았는데 오월이 와도 고향 찾을 명분이 없다. 고향에 안 계신 어머니를 어디서 뵐 수 있단 말인가? 세월은 물같이 흐르고 그냥 그렇게 살아가는 것이 일상인 줄 알았는데 그 모든 날들이 일상이 아니었다. 그 속에 담겨진 모든 것들이 내게 의미였고, 다시는 돌아갈 수 없는 소중한 순간들이었다.

그립고 또 그리운 나의 부모, 나의 누이여! 흘러간 날들 앞에서 나는 마음이 젖는다. 파란 오월, 아카시아 향기 날리고 산뜻한 바람 속에 가슴 부풀던 오월이었는데 이제 그런 오월은 다시 오지 않을 것 같다. 열두 달 중에 가장 화려하고 빛나던 오월이었는데 지금은 가장 무거운 달이 되고 말았다.

어둔 마음 떨쳐버리고 새로운 기분으로 오월을 맞이할 수 있을까? 쉽지는 않겠지만 슬픈 오월에서 벗어나는 날이 언젠가는 오겠지. 그래, 아직은 아픈 마음으로 가슴속이 맵지만 그래도 오월은 좋은 달이다. 마음 한구석엔 따뜻한 그리움이 배어있음을 느낀다. 물처럼 흘러가는 아픈 마음속에 아름다운 오월의 노래가 들려온다. 그리움이란 참 좋은 마음이다. 슬프고 아쉬워도 그 속에는 정말 소중한 많은 것들이 숨어 있음을 느낀다. 살아가면서 오월을 맞을 때마다 흘러간 세월 속의 소중한 것들을 돌아보게 될 터이다. 아무리 바쁜 오월이 와도 내 마음은 잔잔한 그리움 속을 달리게 되리라. 당연한 줄만 알았던 지난 세월이 어느 때보다 소중한 날들이었음을 깨닫는다. 그리운 오월 속으로 내 마음이 빠져들고 있다.

　잘난 줄 알고 살아왔는데 참 바보처럼 보낸 날들이었다는 것을 알게 하는 오월이다. 진작 철이 들지 못했던 지난날들을 많이 생각나게 하는 달이다. 아쉽고, 안타깝고, 후회를 씹어도 다시 돌아갈 수는 없다. 내게 슬픔과 그리움을 함께 심어주는 달이다. 자식이 있어 기쁨보다는 부모님이 계시지 않아 슬픔이 더욱 큰 달이 오월이다. 뵐 수 없는 부모님을 그리는 마음을 안고 오월을 보내야 한다. 하늘에 계신 부모님은 지금 내 마음을 보고 계실까? 숨결이 지고 육신은 흙이 되시어도 영혼만은 살아서 다시 만날 날이 오기를 고대한다.

　어머니 떠나시고 처음 맞는 오월에 내 마음은 참 많이 아쉽고 그립다.

마음으로 여는 창

달걀꾸러미에 치이다

　　달걀꾸러미를 보면 쥐구멍에라도 들어가고 싶을 만큼 부끄러워지던 때가 있었다. 요즘처럼 종이박스에 달걀을 담는 것이 아니라 길쭉하게 볏짚으로 엮은 달걀꾸러미가 등장하던 내 어릴 적 일이 생각나곤 했기 때문이다.

　　내가 자란 시골마을은 일가친척들로 이루어진 씨족마을이라 설과 추석이 되면 객지생활을 하던 모든 친척들이 찾아와 고향을 지키는 사람들과 함께 정을 나누며 조상에게 제사를 드리고는 했다. 그런데 내 고향마을에는 설과 추석명절 외에 조상의 음덕(陰德)을 기리는 또 하나의 큰 행사가 있었다. 가을걷이가 끝나고 서릿발이 내릴 즈음인 음력 시월이 오면 시사(時祀)라 하여 햅쌀과 햇곡식으로 술과

떡을 빚어서 햇과일과 함께 조상의 무덤 앞에서 지내는 제사, 즉 묘제(墓祭)를 드리고는 했다. 가까운 친척들끼리 선산에 올라 조상들의 무덤을 찾아다니며 조상께 올리는 감사의 제사였다. 묘사(墓祀)를 지낸 후엔 음복(飮福)이라 하여 제사에 참석하였던 모든 사람이 제사상에 올렸던 음식을 골고루 나눠먹고는 했다. 가을 햇살 아래서 단풍이 곱게 물든 산속을 뛰어다니며 가까운 친척들과 어울려 제사를 지내고 떡과 고기와 과일을 배불리 먹을 수 있었으니 아이들에게는 설이나 추석 못지않게 신나는 날이었다. 다만 설이나 추석과 달리 시사(時祀)는 가까운 집안끼리 편리한 날을 택하여 지내다 보니 이웃집안과는 서로 다른 날짜에 지내는 수가 많았다.

 어느 해인가 이웃에 사는 친구네 시사가 있는 날이었다. 각종 제사음식을 장만하여 집을 나서는 친구네와 그 친척들의 뒤를 따라 산길을 올랐다. 마을 뒷산을 지나 그리 멀지 않은 어느 산중턱에 도착하여 그들이 묘사를 지내는 동안 나무 뒤에서 지켜보고 있었더니 음복을 할 때는 나를 불러서 한몫 나눠주는 것이었다. 제사에 참여하지도 않고 음식을 받은 것이 미안하여 그 다음부터는 그들이 묘사를 지낼 때에 나도 뒷자리에서 함께 절을 했다. 기특하다는 어른들의 칭찬까지 들어가며…. 쭈뼛거리던 마음도 사라지고 한결 편안한 마음으로 음복을 받을 수 있었다.

 그런데 묘사가 계속되는 동안 생각지도 못한 문제가 생겼다. 배는 자꾸만 불러오는데 남은 음식을 간수할 마땅한 그릇이나 수건이 없었기 때문이다. 받은 음식을 절을 할 때면 잠시 풀 위에 두었다가 제사가 끝난 후 다시 양손에 받쳐 들고 일행을 따르자니 여간 불편하지가 않았다. 내 모습을 지켜보던 어른 한분이 볏짚을 들고 와서 솜씨 좋게 꾸러미를 엮더니 음식을 모두 그 안에 담아주는 것이었다.

묘사가 두어 차례 더 지나가자 꾸러미도 가득 차게 되어 더 이상 음식에 욕심을 낼 필요가 없다는 생각이 들었다. 다음 묘사를 위해 이동을 하는 중에 슬그머니 음식 꾸러미를 챙겨들고 뒤로 물러나 혼자서 마을로 향했다. 산모퉁이를 돌아 일행과 조금 떨어지니 마치 개선장군이라도 된 듯 우쭐한 마음에 저절로 콧노래가 나왔다.

그런데 소나무 사이로 마을이 보이고 조금만 더 내려가면 우리 집이 보이는 곳에 다다랐을 때였다. 제사음식이 든 볏짚꾸러미를 들고 있는 내 모습을 누군가에게 들킨다면 그보다 더 창피한 일은 없을 것 같았다. 소중하던 꾸러미가 몹시 부담스러운 존재가 되고 말았다. '이 위기를 어떻게 벗어날까?' 생각다가 얼른 산길을 벗어나 작은 소나무 뒤에 몸을 숨기고는 꾸러미를 풀어헤쳤다. 배가 잔뜩 불렀지만 맛있는 것은 입으로 밀어 넣고 나머지는 양쪽 바지주머니에 억지로 쑤셔 넣은 다음 볏짚꾸러미는 풀어서 나무 뒤에 던져버리고는 아무 일도 없었다는 듯이 마을로 들어섰다. 모퉁이를 돌자 누가 볼세라 한달음에 집안으로 뛰어들었다.

그 다음부터 우리 집안이 아닌 다른 집안의 시사에는 한 번도 따라나선 적이 없었다. 아버지는 혼인잔치 때 상위에 올리는 음식을 차리는 데 남다른 솜씨를 지니셨는데 마을의 거의 모든 혼인잔치에서 종숙부와 함께 과방(果房)을 지키며 행사를 준비하셨다. 형형색색의 음식과 과일들을 가지런하게 쌓아올려 잔칫상을 빛내는 아버지의 솜씨는 마을사람 모두가 감탄할 정도였다. 어느 집 잔치에서건 아버지가 과방을 지키시는 날이면 나는 수시로 드나들며 아버지를 난처하게 해드렸는데 그 후 다시는 아버지가 계신 과방을 찾지 않았다.

그리고 얼마 후 초등학교에 입학을 하여 교과서를 받아들고 책장을 넘기던 중에 낯익은 그림 하나가 눈에 들어왔다. 크기가 다소 작고 홀쭉하였으나 친구네 묘사 때에 들었던 제사음식 꾸러미와 너무 흡사했다. 나쁜 짓을 하다가 들킨 것처럼 얼굴이 화끈 달아올랐고 가슴이 두근거렸다. 산수책 안에 있던 그림은 볏짚을 엮어서 만든 달걀꾸러미였다. 그 후부터 달걀꾸러미의 그림만 보아도 수치심을 느끼곤 했다.

얼마 전 백화점 식품부에 들렀다가 몇 십 년 만에 처음으로 볏짚으로 엮은 달걀꾸러미를 보았다. 휴대폰으로 사진을 찍고 돌아서면서 오랫동안 내 마음속에 자리 잡고 있던 수치심이 어느새 모두 사라졌다는 사실을 깨달았다. 오히려 편안한 마음으로 달걀꾸러미를 대할 수 있었고 내게 자존심을 일깨워준 것에 대해 고마운 생각마저 들었다.

'아무리 배가 고파도 구차한 모습은 보이지 않는다.'는 음식 꾸러미의 깨우침을 되새기면서 숨기고 싶었던 나의 과거를 고백해 본다.

달빛 흐르는 고향의 들판에서

　　추석을 맞아 오랜만에 형제들이 고향집에 모여 밤이 이슥하도록 얘기를 나누다가 각자 잠자리로 향했다. 차로 먼 길을 달린 뒤라 나는 무거운 눈꺼풀로 자리에 누웠는데 창으로 들어온 달빛이 오던 잠을 모두 쫓고 말았다. 겉옷을 다시 걸치고 밖으로 나오니 구름 한 점 없는 밤하늘에 열나흘 달이 하얗게 빛을 뿌리고 있었다. 달빛에 끌려 마당을 나선 발길이 골목길을 지나 마을 어귀에 이르자 눈앞의 광경에 나는 입을 다물 수가 없었다.

　　벼가 고개를 숙인 황금빛 벌판 위로 휘영청 밝은 달빛과 은은하게 피어오르는 밤안개가 빚어내는 경치는 황홀함을 넘어 신비로움이 느껴질 정도였다. 서늘한 밤공기를 들이마시니 쌓였던 피로가 순식

간에 풀어지고 짜릿한 기운이 전신을 타고 흘렀다. 풀벌레소리가 들려오는 들판을 향해 한걸음씩 내딛는 동안 어느새 나는 까마득한 옛날로 돌아가고 있었다.

오래 전에 꿈속에서 보았거나 아주 사라진 줄 알았던 영상들이 어디선가 실타래처럼 풀려나오기 시작했다. 낡은 흑백사진처럼 흐릿했던 장면들이 선명하게 윤곽을 드러내고 있었다. 들판을 가로질러 친구들이 함성을 지르며 달려오고 있었고, 산 너머로 꿈을 좇던 조그마한 아이가 타박타박 길을 가고 있었다. 흘러간 어린 시절의 모습들이 거울을 보듯 생생하게 되살아났다. 그림자처럼 가려져 있던 지난 시간들이 찬란한 빛으로 채색되어 나를 깨우는 순간이었다.

그러다가 문득 내 어린 날들은 낮 보다는 밤이 더욱 친근한 모습으로 다가왔었다는 사실을 알게 되었다. 저녁은 내게 포근한 휴식이 주어지는 시간이었다. 뜨거운 햇살에 달구어져 마른 풀잎처럼 지쳐 있던 몸이 저녁이면 싱싱하게 되살아나는 것을 느낄 수 있었다. 모닥불 피우는 여름밤이면 가슴 설레는 희망이 연기처럼 피어올랐고, 성곽처럼 높게 둘러져 있는 산등성이가 야트막한 담장처럼 다가오고는 했다. 어둠을 타고 들려오는 온갖 풀벌레와 개구리들의 합창소리는 외딴 시골에서 들을 수 있는 가장 화려한 음악이었다. 밤하늘을 가득 메운 별들과 반짝이는 별자리들, 하늘을 가르는 별똥별과 하얗게 흐르는 은하수는 누구도 그려낼 수 없는 아름다운 풍경이었다. 달빛이 환한 보름밤이면 나는 알 수 없는 기대를 품고 꿈나라로 빠져들고는 했다. 한 번도 본 적이 없는 도회의 삶을 그리는 일이 꿈 속에서 종종 일어나기도 했었다. 어둔 그늘이 가져다주는 두려움에도 불구하고 밤은 내게 희망의 불을 지피는 시간이었다.

너무나 오랜만에 대하는 고향의 달빛 아래서 나는 그동안 도회에서는 알지 못했던 기쁨을 다시 맛보며 흘러간 시간 속을 거슬러 가고 있었다. 달빛과 풀벌레소리와 밤안개가 어우러진 고향의 들판에서 나는 꿈을 꾸는 것 같았다.

달빛 속을 정처 없이 거닐다가 문득 정신을 차리니 내 어린 날은 간 곳이 없고 아주 오래 전에 작별을 고했던 고향땅에 낯선 모습으로 돌아온 나 자신을 발견하게 된다. 밤안개 짙은 고향 들판에 홀로 있다는 사실이 나를 한없이 외롭게 하고 어느새 눈가에는 이슬이 맺힌다. 이제야 돌아와 고향의 품에 안겼건만 나는 이미 지난날의 내가 아니고 고향 또한 언제까지나 머물러 있을 나의 둥지가 되지 못함을 깨닫는다. 내일이면 다시 먼 길 떠나야 할 생각을 하니 마음이 서럽고 꿈처럼 흘러간 지난날에 대한 그리움에 가슴이 아리다.

고향의 달빛이 이처럼 아름다운 줄을, 고향의 밤안개가 이리도 포근한 줄을, 고향의 풀벌레소리가 이토록 감미로운 줄을 내 어찌 까맣게 잊고서 살아왔단 말인가! 나의 뿌리를 이곳에 내렸으며 나의 어린 날을 여기에 새겼건만 어이하여 나는 그토록 멀리 떠나 있었더란 말인가! 모든 것들을 기억 저편에 던져두고 숨 가쁘게 달려온 지난날을 돌아보며 아쉬움에 잠긴다.

등지고 살아온 세월을 탓하며 시간 가는 줄 모르고 달빛에 물든 안개 속을 걷다가 풀벌레소리를 뒤로 한 채 떨어지지 않는 발길을 돌려 모두가 잠든 고향집 마당을 도둑고양이처럼 들어선다.

내 언제 또 다시 오늘처럼 풀벌레 울고 밤안개 피어오르는 고향 들판에서 고향의 달을 바라볼 수 있으려나? 달빛을 가슴에 안고 잠자리에 들었으나 이별의 아픔을 달래지 못해 몸을 뒤척인다. 이 밤의 감미로웠던 기억을 내 결코 잊지 않으리라. 내가 태어나고 자란 고향의 따사로움을 내 삶이 마치는 날까지 가슴속 깊은 곳에 담아가리라.

도시와 고향

　　도시에는 자연의 변화나 계절의 흐름을 깨닫지 못한 채 살아가는 사람들이 많다. 그들에겐 시간의 흐름이 살 같이 빨라서 해가 뜨고 지는 것, 달이 차고 기우는 것, 계절의 변화를 지켜볼 겨를이 없다.

　아침에 시작하여 저녁에 거두어들이고, 월초에 시작하여 월말에 거둬들이는 삶이기에 계절이 어디쯤 가고 있는지 모르는 사람들이 대부분의 도시인들이다. 냉난방시설이 잘 되어있는 장방형의 닫힌 공간에 갇혀 사는 삶이기에 몸은 언제나 쾌적하여도 마음은 불쾌하게 살아가는 사람들이 많다.

　도시는 때가 되지 않아도 추수할 것을 찾는 사람들이 질주하는 곳이며, 시간에 쫓겨 설익은 열매를 따려고 덤비는 사람들로 몸살을 앓는다. 그러나 정작 자신들을 위해서는 소중한 것들을 잃으면서 살아가는 사람들이 많다. 풍요로운 가운데서도 상대적 빈곤으로 인해 허덕이며 살아가는 곳이 도시이다.

자연의 섭리를 가장 잘 이해하고 따르면서 살아가는 사람들이 있다면 그들은 바로 농부들이다. 추운 겨울바람 속에서도 봄기운을 가장 먼저 느끼는 사람들이며, 새싹이 움트는 모습을 가장 먼저 지켜보는 사람들이다. 이른 봄에 씨를 뿌리면서도 가을에 추수할 날을 생각하여 열매가 익기를 기다릴 줄 아는 사람들이며, 설익은 열매를 거두려고 서두르지 않는 사람들이다.

한여름 뙤약볕에 몸을 굴리면서도 풍성한 수확에 대한 기대로 꿈꾸듯이 살아가는 사람들이며, 가을햇살 아래 영글어가는 이삭들을 바라보며 온 세상을 얻은 듯 뿌듯해 하는 사람들이다. 잘 익은 알곡을 거둬들이고 탐스러운 열매를 따는 기쁨은 한 해 동안 바친 그들의 모든 수고를 보상한다. 그들은 엄동설한 겨울에도 이듬해에 뿌릴 새싹을 가슴에 품고 살아가는 사람들이다.

자연과 더불어 살아가는 사람들이며, 어쩌면 이 세상에서 가장 풍요로운 삶을 누리는 이들이 농부들이다. 다만 하나, 아쉬움이 있다면 도시인들로 인해 갈수록 그들의 삶의 터전은 허물어지고 그들의 마음 밭은 오염되어가고 있다는 사실이다.

나는 시골에서 태어나 넉넉지 못한 가운데 자랐으나 바람과 구름이 흐르는 속에서 풀냄새와 꽃향기를 맡으면서 어린 날을 보냈다. 얼마나 많은 별들이 어둔 밤하늘을 수놓는지, 달은 어떻게 차오르고 이지러지며 가장 크고 밝은 달은 어느 계절에 볼 수 있는지를 알았으며, 피부에 와 닿는 햇살의 깊이가 계절마다 어떻게 다른지를 느낄 수 있었다.

그러나 꿈처럼 동경하던 세상으로 나와서 보편적인 도회인의 삶에 젖어 수많은 날들을 보내는 동안 어느 듯 세월의 흐름조차 잊어버렸고, 이제야 지난날을 돌아보며 자연으로부터 멀어진 내 삶의 나날들이 얼마나 황량한지를 깨닫는다.

다시는 돌아갈 수 없는 나의 어린 시절과 그 시절 내가 머물었던 자연의 품속이 몹시도 그립다. 내 영혼이 쉴 수 없는 땅, 언제나 삭막한 기운이 감도는 도회를 떠나 양지바른 산비탈에 이름 없이 피는 꽃들을 바라보며 살아가고 싶다. 작은 그루터기엔 나와 내 가족이 좋아하는 과수와 채소를 손수 가꾸어보고 싶다. 어스름 저녁이면 뒷산 언덕에 올라 석양에 물든 저녁노을을 바라볼 수 있기를 원한다. 여름밤이면 모닥불 연기 날리는 마당에 누워 풀벌레 소리를 들으면서 은하수가 흐르는 밤하늘의 별자리를 다시 더듬어 보고 싶다. 맑은 시냇물에 몸을 적시고 친구들과 물장구치던 옛날로 돌아가고 싶다. 누렇게 익어가는 벼가 물결치는 들판을 지나 코스모스가 바람

마음으로 여는 창

에 하늘대는 시골길을 걸어보고 싶다. 알밤이 툭툭 떨어지는 산비탈에서 들국화의 산뜻한 향기를 맡아보고 싶다. 푸른 달빛이 쏟아지는 눈 내린 겨울밤에는 인적이 드문 오솔길을 걸으며 내 발걸음 소리를 듣고 싶다. 내가 자라던 시골마을을 닮은 어느 조용한 골짝에서 오래 꿈꾸던 자그마한 집을 짓고 옛날처럼 살아가고 싶은 마음은 생각만 하여도 가슴이 설렌다.

그러다가 문득 떠오르는 생각, '내게는 아직도 지워지지 않은 기억속의 고향이 있지만 고향 없이 자라는 도시의 아이들이 나중에 어른이 되었을 땐 그 빈 기억의 공간을 무엇으로 메울까? 금세 어른이 되어버리는 도시의 아이들이 삶에 지칠 때에는 어떻게 위로를 받을 수가 있을까?' 내 아이의 생각, 내 아이의 친구들의 생각, 아직 태어나지도 않은 내 아이의 아이들에 대한 생각들이 꼬리를 문다. '어떻게 이들의 가슴속에 고향을 심어줄 수 있을까?'

세 가지 과제물

    초등학교시절 학교에서 주어지는 과제물 중에 잊을 수 없는 세 가지가 있었다. 지금 아이들은 이해할 수도 없고 생각조차 할 수 없는 아주 특이한 과제물들이었다. 잔디씨앗 받아오기와 아카시아나무 씨앗 가져오기, 그리고 쥐꼬리를 학교에 내는 것이었다.

    지금은 전국의 모든 산들이 푸른 숲으로 덮여 있지만 우리가 어릴 때만 해도 6.25전쟁이 끝난 지 얼마 되지 않은 때라 거의 모든 산들이 벌거숭이였다. 장마가 오면 홍수가 지고 산사태가 나는 일이 다반사였고 가뭄이 들면 논이 갈라지고 강바닥이 드러날 만큼 마르는 것도 산에 나무가 없는 탓이었다. 나무 한 포기 없는 산들이 물을 머금을 수가 없어 비가 오면 금방 흘러내리고 날씨가 개면 금방 말라

버리기 때문에 일어나는 사고였다. 가뭄으로 인한 한해와 장마와 태풍으로 인한 수해는 해마다 겪어야 하는 가장 심각한 재해여서 하늘이 내린 천재라고도 했다. 헐벗은 민둥산에 나무를 심고 흙이 빗물에 쓸려 내려가지 않도록 산비탈에 잔디를 심기 위해 국가에서 내린 지시가 앞의 두 가지였다. 식량이 부족하여 대부분의 국민이 굶주림에 허덕이는데 극성스럽게 많은 쥐들이 곡식을 축냈기 때문에 곳곳에 포스터를 붙여가며 쥐잡기를 장려하던 때라 성과를 확인하기 위해서 쥐꼬리를 하나씩 학교에 내도록 했었다.

당시로서는 아주 구체적이고 실천적인 방안이었지만 지금 생각하면 황당하기 짝이 없는 과제물들이었다. 하지만 어린 우리들까지 그렇게 할 정도로 온 국민이 노력한 덕분에 지금은 온 나라가 푸르게 변한 것을 보면 마음이 뿌듯해지는 것은 사실이다. 조림사업으로 심었던 작은 막대기 같던 나무가 지금은 나보다 네다섯 배는 될 만큼 자라서 숲을 이룬 것을 보면 세월의 흐름이 새삼 느껴진다. 그 당시 면사무소에 신고를 하지 않고 산에서 나무를 베면 벌금이 나왔었고 자기소유의 산이라 해도 가지치기까지 허가를 받아야만 했었다.

그 외에도 이색풍경 몇 가지가 있다. 농사일을 하다가 갈증을 풀고 힘을 돋우기 위해 농주라 하여 막걸리를 마셨는데 농사철이 되면 집집마다 누룩으로 막걸리 담그는 것이 전통처럼 내려오고 있었다. 그런데 부족한 쌀 문제를 해소하기 위한 방편의 하나로 집에서 막걸리 담그는 것을 금지시키고 술도가에서 밀가루로 만든 막걸리를 사서 마시도록 했다. 술조사라 하여 감시하는 면직원이 수시로 마을을 찾았는데 마을 어귀에 양복 입은 사람의 모습이 뜨면 '술조사 나왔다.'고 집집마다 전통이 돌았다. 작은 단지에 쌀과 누룩으로 술을 담아 이불을 덮어 아랫목에서 발효를 시켰기 때문에 술조사는 집집을 돌면서 아랫목에 술단지가 있는지 조사를 하였다. 심지어 막대기로 볏짚가리를 쑤셔서 숨겨둔 누룩을 찾아내기도 했다. 한번은 바로 이웃집에 사돈 되는 분이 손님으로 와서 막걸리를 대접하는 중인데 술조사가 들이닥쳤다. 위기의 순간에 손님이 기지를 발휘하여 입고 있던 두루마기 밑에 주전자와 술잔을 감추고 태연스레 앉아서 얘기를 나누는 바람에 술조사가 허탕을 친 적이 있었다. 얼굴이 불콰하여 술을 마신 정황은 분명한데 증거를 찾지 못하여 술조사가 그냥 돌아간 얘기가 무용담처럼 마을에 퍼지기도 했었다.

내게 6촌뻘 되시는 할아버지 한분은 광에서 잡은 쥐를 불에 구워 들고 다니며 "요놈, 요놈" 하면서 살점을 뜯어먹고는 했다. 이웃사람이 눈살을 찌푸리면 곡식 먹고 자란 놈인데 뭐가 더럽냐며 오히려 당당한 모습을 보이시기도 했다. 달고 맛있는 음식이 남아돌고 영양과다로 비만이 걱정이 되는 요즘 세상엔 상상도 할 수 없는 일이었다. 세상이 어떻게 이렇게 변할 수 있는지 눈으로 보면서 살아온 세월이지만 참 꿈같은 일이다.

마음으로 여는 창

그 당시엔 마을을 다니며 구걸하는 이들이 많았는데 여러 명씩 무리를 지어 와서는 용케 밥때를 맞춰 집집마다 한사람씩 찾아들었다. 밥상에 둘러앉은 식구들이 첫술을 막 뜨려는 순간 "밥 좀 주이소!" 하는 소리가 마당에서 들리면 어머니는 나물에 비빈 꽁보리밥을 얼른 들고 가서 그가 내미는 우그러진 양은그릇에 듬뿍 나눠주셨다. 그때마다 나는 어머니의 그릇과 그의 그릇이 닿을까 봐 조마조마하게 마음을 졸이고는 했다.

당시에는 상이군인들도 많았는데 팔과 다리가 없는 분들이 구걸을 오면 험한 모습에 두려움을 느끼면서도 나라를 지키다가 그리되었다는 생각에 고마운 마음이 들기도 했다. 직접 겪지는 않았지만 전쟁의 피해를 보면서 자랐기에 다시는 이 땅에 전쟁 같은 건 일어나지 않으면 좋겠다는 생각도 들었다.

옛날에 비하면 물질은 넘칠 만큼 풍요로운데 마음은 더 가난하고 불행한 사람들이 많은 요즘 세상을 보면서 안타까운 마음이 든다. 그처럼 어려운 중에도 우리가 여기까지 왔는데 좀 더 노력한다면 분명 더 나은 세상이 올 것이라 믿는다.

아카시아 꽃향기 날리는 날에

　해마다 아카시아 꽃이 필 무렵이면 나는 고향을 찾는다. 달콤한 꽃냄새를 맡으면서 고향 길을 다녀올 때면 내 마음도 싱싱하게 살아나는 것 같다. 부득이한 일로 제 때 고향을 찾지 못하고 아카시아 지는 꽃을 바라볼 때면 내 마음까지 시드는 느낌이 든다.

　겨우내 얼었던 얼음이 녹을 즈음이면 우리 집은 양식이 떨어져서 수제비와 멀건 갱죽으로 끼니를 때우다가 초여름이 되어야 햇보리를 거둬 꽁보리밥이라도 먹을 수 있었다. 어느 해인가 배내기소(일명 배냇소)라 하여 이웃집 암송아지를 얻어다가 큰 소가 되도록 길렀다. 그 소가 새끼를 낳은 후 어미 소는 주인에게 돌려주고 송아지를 다시 길러 우리 집 일소로 삼았다. 농사를 지으려면 반드시 소가 필요하던 시절이었다. 학교수업이 끝나면 빨리 집으로 돌아와 소를 몰고 뒷산으로 가서 풀을 뜯게 하거나 꼴을 한 망태씩 베어오는 것이 일과였다. 산과 들이 파랗게 물드는 5월이 되어 꼴망태를 메고 집을 나서면 바람결에 실려오는 아카시아 꽃향기가 걸음을 재촉하고는 했다. 하얀 아카시아 꽃을 보는 순간 꼴망태를 벗어던지고 꽃이 듬뿍 달린 나뭇가지를 휘어잡아 줄기 째 꽃을 따서 입에 털어 넣기에 바빴다. 약간은 비릿하면서도 상큼하고 달콤한 맛에 마음이 행복해졌고, 이 세상에 아카시아 꽃보다 고운 꽃은 없는 것 같았다.

아카시아 꽃을 보면 가슴속이 '싸아'해지면서 머릿속에 그려지는 또 하나의 그림이 있다. 해마다 아카시아 꽃이 필 무렵이면 광 속 깊숙이 갈무리해 두었던 볍씨를 꺼내 소금물에 담가 알찬 씨앗만 가려내어 싹을 틔우시던 아버지의 모습이다. 이듬해의 벼농사를 위해 가을에 가장 튼실하게 자란 벼에서 취해 두었던 씻나락으로 못자리를 만드는 일이었다. 겨울을 보내고 봄이 오면 먹을 것이 없어 배를 곯았지만 씻나락에는 결코 손을 대는 법이 없었다. 돌아가신 아버지가 참 많이 보고 싶어지는 계절이다.

아버지는 온화하고 존경받는 선비 같은 분이라면 어머니는 억척스런 일솜씨로 생활력이 뛰어난 분이었다. 농사일은 물론이고 무명이나 명주실로 베를 짜는 것도 어머니보다 잘하는 이가 없을 정도였다. 우리 6남매를 위해 죽을힘을 다해 일을 하셨던 것 같다. 두 분 모두 워낙 건실하고 알뜰하신 분들이었다. 마을에서 꼴찌에 가깝던 살림이 내가 중학교를 졸업할 무렵에는 중위권에 오를 만큼 되었다. 내가 초등학교 4학년이 되던 해부터 2년마다 논을 두세 마지기씩 사들이셨던 것 같다. 하지만 논이 늘었다고 입에 들어오는 것이 나아진 것은 아니었다. 먹을거리는 늘 그대로였고 허리띠를 졸라매는 것도 여전했다. 내가 김천에서 고등학교를 다니면서 자취를 하다가 양식이 떨어져서 고향에 왔더니 고등어구이가 상 위에 오른 적이 있었다. 얼떨결에 "어제가 누구 제삿날이었어요?" 하였더니 형님이 시골장날에 사서 보낸 것이라 했다. 당시에 형님은 갓 결혼하여 면사무소가 있는 장터에서 잡화가게를 낸 지 얼마 되지 않은 때였다.

'나는 절대로 농사는 짓지 않을 거야!' 다짐하며 공부를 했던 것도 어머니의 일하시는 모습이 내 눈에 너무 두렵게 비친 때문이었다. 어른이 되더라도 나는 도저히 그처럼 일을 해낼 자신이 없었다. 공부가 좋아서가 아니라 농사일이 무서웠었다. 그렇게 하여 나는 중학교를 마치고 고등학교 진학을 위해 홀로 외지에 나간 우리 마을의 첫 유학생이 되었다. 물론 그 전에도 도회로 나가 대학까지 나온 사람이 아주 드물게 있었는데 이미 도시에 터전을 잡은 이들의 자녀였거나 조카들을 데려다가 공부를 시킨 경우였고, 공부를 하겠다고 마을을 떠나 자취생활을 시작한 사람은 내가 처음이었다. 나에 대한 얘기가 마을 후배들 입에 전설처럼 오르내리고 뒤를 이어 그들도 진학을 위해 마을을 떠나게 되었다는 것은 나중에야 알게 되었다. 내가 고등학교에 진학하던 해가 1969년이었고, 의예과에 들어가던 해는 1972년이었다.

　새하얀 목련이 피었다가 지고 화려하던 벚꽃이 자태를 감춘 지도 한 달이 지나고 가로수의 여린 새순이 파랗게 물드는 5월로 접어들었다. 며칠 후면 아카시아 꽃 사이로 벌떼가 날고 달콤한 꽃냄새가 산천을 뒤덮겠지. 생각만 해도 가슴이 설레는데 올해는 코로나19 때문에 고향을 찾지 못하게 될까 마음이 무겁다. 백 살까지만 해도 정정하시던 어머니의 기억력이 요즘 들어 부쩍 나빠지셨단다. 어쩌면 나를 알아보시지도 못할 것이란 생각을 하니 가슴에 휑하니 구멍이 뚫리는 것 같다. 몸도 많이 야위셨다는데 아카시아가 꽃잎을 떨구기 전에 어머니를 뵐 수 있으면 좋으련만….

　아직 아카시아가 향기 잃은 시든 꽃잎을 달고 있던 날 고향엘 다녀왔다. 가뜩이나 허약해지신 몸으로 어머니는 '부산아들' 왔다며 내 손을 잡고 눈물을 줄줄 흘리셨다. 귀가 어두워 듣지도 못하시면서 하룻밤만 자고 가라는 말씀에 고개를 저으며 답을 대신할 수밖에 없었다. 많은 기억을 잃으신 중에도 나를 기억하시는 어머니를 남겨두고 떠나오는 마음이 서러웠지만 그래도 어머니를 뵐 수 있었다는 사실에 큰 위안을 받는다. 하지만 살아계신 동안 몇 번이나 더 뵐 수 있을지…. 흐뭇하고 그윽한 표정으로 나를 바라보시던 아버지의 모습과 참새처럼 재잘거리던 큰누나의 모습도 떠오른다. 이제는 떠나가신 분들이고 머지않아 어머니마저 보내고 나면 그 허전함을 무엇으로 달랠까?

의사의 길

　지금은 진찰실에서 종일 환자들과 씨름하며 보내는 내과 의사가 되어있지만 의과대학을 졸업하고 처음 선택한 진로는 기초의학(해부학)이었다. 대학생활 중에 알게 된 신앙적 충고에 따라 내린 결정이었다. 그러나 예기치 못했던 연좌제로 인해 위생병으로 군대 3년을 보내고 다시 해부학을 2년간 하다가 임상으로 발길을 돌리게 되었다.
　그런데 개원 후 8년째 되던 어느 날, 갑자기 중환자가 되어야 했다. 갈수록 초라하게 변해가는 자신의 몰골을 보면서 죽음이 가까웠다는 느낌이 들었다. 불안과 초조함을 떨치지 못하고 한동안 분노와 좌절감 속에서 나날을 보냈다. 그러나 운명이라면 받아들일 수밖에 없다는 체념을 통해 오히려 마음이 홀가분해지는 것을 알게 되었다. 그리고 아침마다 창문을 통해 들어오는 햇살에 뼈가 앙상하게 드러나고 노랗게 변한 두 손을 비춰보면서 병든 몸이지만 아직도 내 자신이 살아있다는 사실에 대해 참으로 고마운 마음이 들었다.

그런데 아침 햇살이 무척 따스하게 비치던 어느 날, 문득 '내가 만일 다시 건강해진다면 남은 삶을 어떻게 보내야 할까?'하는 의문이 생겼다. 그리고 내 마음에 얻은 답은 '의사로서 환자를 치료하는 것이 곧 나의 신앙이며 하늘이 내게 내린 천직'이란 것이었다.

수 개월간 괴롭히던 병세가 갑자기 상상도 할 수 없을 만큼 빨리 회복이 되어 다시 건강한 몸으로 돌아오게 되었다. 의사로서 부족하고 보잘 것 없는 내게 새로운 생명이 주어졌다는 생각이 들었다. 앞으로는 환자들의 고통을 마음으로 이해하는 의사가 되겠다고 다짐했다. 한때는 내게 치료받던 환자였지만 환자가 된 나를 도리어 염려하고 아껴주신 많은 분들, 또 내가 죽었다는 소문이 도는 바람에 진찰실까지 찾아와서 나의 모습을 확인하고 기뻐하시던 분들에게 내가 마음의 빚을 갚는 길은 그분들의 아픔을 정성껏 돌봐드리는 일이라 믿게 되었다.

세상에는 이름을 숨기고 말없이 자신을 희생하며 봉사하는 의사들이 많다. 그런 분들의 따스한 마음과 희생에 비하면 나는 지극히 평범한 의사에 불과할 뿐이다. 그러나 원칙에 충실한 의사, 오직 최

마음으로 여는 창

선을 다하는 의사가 되기 위해 모든 노력을 기울일 것이다. 언제까지라도 나를 찾는 환자들의 고통을 해결해 주는 일에 의사로서 내 삶의 소중함을 잊지 않겠다는 다짐을 한다.

- 스스로에게 던지는 각오 -

나는 언제까지나 환자를 돌보는 의사이다.

의사는 세상 다하는 날까지 내가 걸어가야 하는 천직이다.

세상에서 내게 주어진 이 일을 위해 나는 전심으로 환자를 돌본다.

곁눈질로 세상을 살피는 일을 저지르지 않는다.

내게 주어진 길을 똑 바로 바라보며 오직 그 길을 간다.

어머니의 눈물

그날 나는 어머니의 지시에 무조건 따랐어야만 했다. 형제들 중 누구도 어머니의 뜻을 거역한다는 것은 생각조차 할 수 없었다. 너무나 엄하신 분이었기 때문이다. 그런데 나는 어머니께 반기를 든 것이다. 내가 초등학교에 입학할 무렵의 일이었다.

체격은 보통이었으나 어머니는 웬만한 남자들보다 일을 잘하셨다. 이른 봄부터 가을걷이를 마칠 때까지 어머니의 일손은 멈추는 법이 없었다. 추수가 끝나면 이듬해 봄이 올 때까지 겨우내 길쌈을 하셨는데 베틀에 한 번 앉으시면 끼니때가 되도록 내려오지를 않으셨다. 멀건 갱죽이나 수제비로 주린 배를 채우시고도 어머니의 일하시는 모습은 언제나 힘이 넘쳤다. 마을에서 꼴찌에 가깝던 집안형편이 삼십년 만에 몇 손가락 안에 들 수 있었던 것도 어머니의 노력이 아니었다면 불가능한 일이었다. 어머니는 자식들에게 가난을 대물림하지 않겠다는 일념으로 살아오신 분이었다. 그런 어머니에 비해 아버지는 체면과 도리를 중히 여기시고 모든 일을 원칙대로 처리하시는 분이었다. 그러다 보니 바깥일을 맡으실 때가 많았고 마을사람들에겐 존경을 받으셨지만 집안일은 뒷전으로 밀릴 수밖에 없었다. 근면하고 자식들에게 너그러우셨지만 몸이 약하셨고 생활력에서도 어머니를 따를 수 없었다.

외람되기 짝이 없는 나의 태도에 어머니는 불 같이 화를 내면서 매를 드셨다. 평소와 달리 "나를 왜 낳았어? 어디, 마음대로 때려봐!" 하면서 나는 어머니를 향해 덤벼들었다. 그런 나의 등으로 어머니의 매는 사정없이 떨어지고 있었다. 곁에 있던 큰누나가 어머니를 막아서며 빨리 잘못했다고 빌고 도망치라고 애원을 하였으나 나는 누나를 밀치고 어머니 앞으로 몸을 들이밀기만 했다. 계속되는 어머니의 매질에도 불구하고 나는 전혀 아픔을 느낄 수 없었다. 내 몸이 나무나 돌로 된 것 같았다.

그렇게 한참 동안 매를 맞다가 왠지 매질이 뜸해지는 것 같아 고개를 든 순간 나는 깜짝 놀라고 말았다. 눈물을 가득 담은 눈으로 어머니가 나를 내려다보고 계셨기 때문이다. 그전까지 나는 한 번도 어머니의 눈물을 본적이 없었다.

갑자기 어머니가 한없이 가엾다는 생각이 들었다. '내가 잘못했다고 빌지 않으면 어머니는 마음이 더욱 아파지시겠구나!' 하는 생각과 함께 정신이 번쩍 들었다. 얼마든지 매를 더 버틸 수도 있었지만 "내가 잘못했어, 다시는 안 그럴게." 하고 못이기는 척 마음에도 없는 울음을 터뜨렸다. 어머니는 손을 내리시며 고개를 돌리셨고, "팽!" 하고 코를 푸시는 외에 아무 말씀도 않으셨다.

눈물이라곤 보이지 않던 어머니께서 언제부턴가 옛날 얘기를 하시다가 이따금 눈물을 쏟으시고는 했다. 갈수록 눈물이 많아지시더니 이제는 어머니의 몸이 아예 눈물덩어리로 변해버리신 것 같다. 어디서 그처럼 많은 눈물이 나오는지 난감해질 때도 있다.

내가 고향집에 가는 날이면 차에서 내리기도 전에 눈물을 쏟으며 달려오시는데 집안으로 든 후에도 좀체 멈추지를 못하신다. 더구나 떠나올 때면 통곡을 하듯이 우시는 바람에 발길을 돌리기가 쉽지 않다. 지난 봄에는 과수원 일로 한창 바쁜 막내를 불러서 어머니를 진정시켜드리도록 부탁을 한 뒤 떠나오기도 했다.

그날 이후 지금까지 어머니의 뜻을 크게 거스른 적은 없지만 그래도 살아오면서 나에 대한 서운함이 더러 있으셨을 텐데 어머니는 한 번도 내색을 하지 않으셨다. 왜 그러셨을까? 어쩌면 나의 당돌했던 모습이 두고두고 마음속에 새겨져 있을지도 모른다. 어머니와 나 사이에 불가침조약이 맺어진 것은 아닌가 하는 생각이 들 때도 있다.

마음으로 여는 창

뭣 때문에 그날 내가 어머니를 거역하게 되었는지는 기억나지 않는다. 다만 지금까지 내가 뚜렷이 기억하고 있는 것은 그렇게 매를 맞으면서도 전혀 아픔을 느끼지 못했다는 것과 생전 처음으로 어머니의 눈물을 보았다는 사실이다.

'어머니는 그 일을 아직도 기억하고 계실까?'

궁금한 생각이 들지만 여쭤보지는 못했다. 당시에는 내가 느끼지 못했던 아픔이 뒤늦게 조금씩 마음에 살아나는 것 같다. 그때 어머니의 눈물을 보지 못했더라면 나는 얼마나 더 큰 불효를 저지르며 살아왔을지 모른다.

잃어버린 우정

　우리는 대학 입학동기이자 동갑내기였다. 그러나 예과 1년차인 교양학부 때는 전공과 상관없이 무작위로 반이 편성되어 서로의 존재를 알지 못했고, 2년차가 되어 의예과만 두 반으로 나뉘면서 같은 A반이 되었으나 가까워질 기회는 거의 없었다. 본과인 의학과에 진입하고 나서야 서로에 대해 관심을 갖게 되었는데 실험과 실습이 같은 조였기 때문이다.
　모두들 좋은 성적을 얻기 위해 살벌할 만큼 치열한 경쟁을 벌이고 있을 때에도 우리는 성적에는 별로 애착을 보이지 않았으나 실험시간만큼은 누구보다 열심이었다. 본과 2년 동안 우리는 실험실에서 단짝이었고, 그 후 임상실습도 늘 같이 붙어서 다녔다. 그러나 우리 사이엔 언제나 보이지 않는 벽이 있었다. 서로를 부를 때 이름 뒤에 붙인 '씨'자가 가시처럼 목에 걸렸지만 뽑아버릴 수가 없었다. 우린 서로가 까칠한 존재였던 것이다.

하지만 지금도 대학시절이 생각날 때면 그 친구의 얼굴이 가장 먼저 떠오른다. 그럼에도 불구하고 그를 다시 볼 수 없다는 사실이 나를 아프게 한다.

훤칠한 외모에다 대구·경북 제일의 명문고등학교를 나온 그와 초라한 시골뜨기인 내가 가까워진다는 것은 쉽지 않은 일이었다. 서로를 끌어당기는 뭔가가 있었던 것은 분명했지만 아주 허물없는 사이로 발전하지 못하고 평행선처럼 달려온 것이 우리의 관계였다. 당연히 우리 중에 누군가는 먼저 벽을 허물었어야 했다. 열등감으로 인해 내가 그에게 쉽게 다가설 수는 없었지만 그는 왜 내게 다가오지 못했을까? 내가 그 이유를 알게 된 것은 의과대학 졸업을 한 달여 앞두고서였다.

그는 어떤 경우에도 감정에 휘둘리거나 당황해 하는 모습을 보인 적이 없었다. 태도에는 절도가 있었고 허투루 내뱉는 말이 없었다. 그는 차가운 이성주의자거나 아니면 매우 강한 의지의 소유자처럼 보였다. 그런 그가 흔들리는 모습을 보인 것은 졸업반인 본과 4학년 봄이 막 지나갈 무렵이었다. 임상실습을 돌다가 함께 점심을 먹고 이야기를 나누던 중 갑자기 결혼을 해야겠다는 말을 꺼냈다. 의사국가고시를 앞두고 시기적으로 적당치 않은 것 같아 좀 미뤘으면 좋겠다고 했지만 얼마 후 그는 선을 보았다고 했다. 그 후 일사천리로 결혼이 진행되었고 누구나 부러워할 예쁜 아내와 신혼살림에 들어갔다. 줄곧 서두른다는 느낌이 들기는 했으나 평소에 보여준 그의 태도로 보아 별로 염려할 일은 아니라 생각했다.

그런데 하루는 내가 자취를 하는 집으로 그가 찾아왔다. 집에서는 공부가 되지 않는다며 국가고시를 위해 함께 지내며 공부하기를 원했다. 나 역시 제대로 준비를 못했던 터라 잘된 일이라 생각되어 기꺼이 동의했다. 그의 신혼생활에 문제가 있을지도 모른다는 생각이 잠시 들기는 했으나 의사고시를 외면할 수는 없었다. 평소 공부에 소홀했던 것을 후회하며 남은 기간 동안 우리는 정말로 열심히 공부했고 덕분에 무난히 국가고시를 치를 수 있었다.

시험도 끝나고 이제 그는 신혼집으로 돌아가야만 했다. 하지만 왠지 돌아갈 날을 자꾸만 미루는 눈치였다. 그러던 어느 날 밤, 잠을 이루지 못해 뒤척이고 있을 때 그가 처음으로 털어놓는 자신의 기구한 운명에 대한 얘기라며 무겁게 입을 열었다.

그의 본래 성은 '구' 씨가 아니라 '강' 씨라고 했다. 일제강점기에 경북여고를 나온 그의 모친이 진주에서 초등학교 교편을 잡고 있을 때 지역 경찰서장과 사귀어서 자신이 태어났다고 했다. 나중에야 경찰서장에겐 부인과 아들이 있다는 사실을 알고 그와 헤어져서 홀로 자신을 키우다가 새로운 인연을 만나 결혼을 하면서 '구' 씨의 호적에 올리게 된 것이라 했다. 물론 교직생활은 그가 태어날 당시에 이미 그만 둔 상태였고, 그 후 의붓동생들도 태어났지만 삶이 평탄치를 못하여 방천시장에서 좌판장사를 하면서 모친은 자신을 키웠다고 했다. 그러나 마음의 상처를 이기지 못해 술로 세월을 달래면서 보내신다고 했다. 대학에 들어온 후 경주에 살고 있는 친부를 찾은 적이 있으나 곁으로 돌아갈 마음은 없다고 했다. 나는 의사로서의 삶을 머리에서 지운 상태였지만 그 역시 다른 계획이 있다고 했다. 그 동안 아무도 모르게 혼자 사법고시를 준비해 왔는데 군복무를 빨리 마치고 본격적으로 공부하여 도전할 생각이라 했다. 소설보다 더 소설 같은 그의 운명에 우리는 눈물로 그날 밤을 새웠다.

그 후 그의 부인과 장모 되는 분을 몇 차례나 만나 그를 위한 변명에 나섰지만 그가 지닌 출생의 비밀을 감춘 채 어떤 말을 하여도 도움이 되지 못한다는 사실에 한계를 느끼면서 돌아서고는 했다. 다만 그의 꿈이 이뤄지는 날 모든 오해와 갈등이 풀릴 것이란 기대로 그 때까지 서로에게 작은 희망의 끈이라도 이어줄 수 있기를 바랐다.

하지만 인생은 참으로 잔인한 것이었다. 나는 연좌제에 걸려, 모교에 조교로 발령을 받은 지 20일 만에 사병으로 입대하게 되었고, 나보다 두 달 먼저 군의후보생으로 입대한 그를 내가 복무하던 부대 면회실에서 한 번 본 것이 우리의 마지막 만남이 되었기 때문이다.

눈코뜰새 없이 바쁜 이등병 생활을 하고 있던 어느 일요일, 면회 신청이 있다는 연락을 받고 위병소 옆 면회실로 나갔다. 누가 면회를 왔는지도 모른 채 면회실을 들어서는 순간 검은 베레모에 중위 계급장을 단 공수부대 장교가 "충성!" 하고 면회실이 떠나갈 만큼 큰소리로 경례를 했다. 답례는커녕 석고상처럼 굳어버린 나를 덥석 끌어안는 사람은 생각지도 못했던 그 친구였다. 이등병과 공수부대 장교의 기이한 만남을 지켜보는 호기심어린 시선들을 뒤로 한 채 우리는 창가에 앉아 그가 마련해온 통닭을 뜯으면서 시간 가는 줄 모르고 얘기를 나눴다. 그 때도 우린 서로에게 '씨'자를 붙였고 말을 높였다. 면회실 문을 닫을 즈음에야 우리는 자리에서 일어났고 다시 면회를 오겠다는 말을 남기고 그는 멀어져 갔다.

그 후 수개월간의 신검대 근무를 마치고 보직변경을 받아 지구병원 위생병으로 근무하던 중이었다. 어느 날 군의관인 대학선배가 그 친구의 이름을 대면서 아느냐고 물었다. 아주 친한 사이라고 했더니 그가 무장공비 토벌작전에 투입되었다가 앰뷸런스가 구르는 바람에 사망한지 한 달이 지났다고 했다. 청천벽력 같은 소식에 나는 할 말을 잃었다. 다시 면회를 오겠다던 그의 마지막 목소리가 귀에 쟁쟁했고 그의 모습이 눈앞에서 아른거렸다. 1978년 11월 충남 광천지구에서 있었던 3인조 무장공비침투사건 때의 일이었다.

우리 사이에 만들어둔 작은 벽 하나를 허물지 못한 채 우리는 그

마음으로 여는 창

렇게 헤어져야만 했다. 어느새 40년이란 세월이 흘렀으나 두 손을 흔들며 떠나가던 친구의 모습이 지금도 눈에 선하고 다시 그를 만날 수 없는 안타까움에 가슴이 저려오고는 한다. 우리는 진작 마음을 풀어헤쳤어야 했다.

'보고 싶다 친구야. 갈수록 너에 대한 기억이 새로워지는구나. 우린 정말 좋은 친구가 될 수 있었는데…'

초복

　　해마다 복날이 되면 보신탕 이야기가 나오고 개고기를 먹는 풍습에 대한 시비가 한차례 언론의 도마 위에 오르는 것을 볼 수 있다. 하지만 복날이 올 때마다 나는 색다른 감회에 빠져들고는 한다. 어린 시절 어느 초복에 겪었던 일이 오래된 기억 속에서 되살아나기 때문이다. 천둥 번개가 치고 소낙비가 퍼붓는 어두운 산속 논가에서 두려움에 떨며 울던 나의 모습이 지금도 머릿속에 생생하게 그려진다.

　　가난에 찌들려 살던 시절이라 그랬는지 어린 시절 내 고향에서는 복날이라 해도 보신탕이나 삼계탕을 먹어본 적이 없다. 대신 모내기를 한 지 얼마 되지 않아 겨우 뿌리를 내리기 시작한 벼가 잘 자라도록 고사를 지내고는 했다. 집집마다 떡을 빚어 창호지 끈으로 미루나무 가지에 떡을 하나 씩 매달아 논 가운데 꽂아 놓고 절을 하면서 풍년이 들기를 기원하는 풍습이었다.

초등학교 1~2학년쯤이던 어느 해 초복이었다. 학교를 다녀온 뒤 송편과 미루나무가지 두 개를 준비하여 구름이 잔뜩 끼어 금방이라도 소나기가 쏟아질 것 같은 하늘을 보며 큰누나와 함께 집을 나섰다.

먼저 찾은 곳은 마을 뒤편 '도둑골'이란 외딴 산골짜기에 있는 논이었다. 아주 옛날 도둑이 자주 출몰하였거나 도둑떼의 산채가 있던 곳이 아니었던가 싶다. 골짜기 사이의 계단식 논들 중에서 위쪽에 있는 자그마한 논 네 개가 우리 것이었는데 모두 합쳐 두 마지기 짜리였다. 내가 태어나기도 전에 마련한 가장 오래된 논이었다. 얕은 골짜기를 타고 흘러내리는 빗물을 끌어다가 농사를 짓는 천수답이라 가뭄이 드는 해에는 초복이 가깝도록 모내기를 못할 때도 많았다. 어떤 의미인지는 몰라도 우리는 그 논을 '고랄 땅'이라 불렀다.

가장 큰 세 번째 논에다가 송편이 달린 나뭇가지를 꽂아 놓고 논둑에서 절을 하는 중에 벌써 하늘에서 굵은 빗방울이 '두둑! 두둑!' 떨어지기 시작했다.

다음 목적지는 '도둑골'에서 낮은 고개 하나를 넘어야 했는데 이웃으로부터 몇 년째 빌려서 경작하는 작은 논이었다. 민둥산 사이로 난 좁은 산길을 지나 고개를 넘으면 애기무덤이 많다 하여 일명 '애총산(哀塚山)'이라 부르는 야트막한 산이 나왔다. 그 산을 비스듬히 가로지르는 좁은 샛길을 따라 내려가면 골짜기 아래에 논이 있었다. 그런데 그 골짜기 주변에는 잡초로 뒤덮인 자그마한 돌무더기들이 곳곳에 보였는데 모두가 태어나서 호적에 오르지도 못한 채 세상을 떠난 갓난아기들의 무덤이라 했다. 평소에 그곳을 지날 때면 '홍역을 앓다가 첫돌도 되지 않아 세상을 떠났다는 나의 큰형이 묻힌 곳은 저 중에 어느 것일까?' 하는 의문이 들었지만 부모님의 아픈 상처를 건드리는 것 같아 차마 여쭤볼 수는 없었다.

인적이 없는 산길을 지나는 동안 빗방울은 어느새 굵은 빗줄기로 변하여 온몸을 적셨고, 해가 떨어질 시간이 아니었으나 사방에는 어둠이 깔리고 있었다. 금방이라도 숲속 어디선가 귀신이 튀어나올 것 같았다. 당장 발길을 돌리고 싶은 마음이 간절했지만 내키지 않는 걸음을 재촉하여 골짜기 아래 있는 논에 도착하였다.

세차게 쏟아지는 빗줄기를 맞으면서 논으로 들어섰다. 그 순간 갑자기 '번쩍!' 하는 불빛에 이어 산을 뒤흔드는 천둥소리에 정신이 혼미해질 정도였다. 눈을 뜨기도 어려울 만큼 장대비가 쏟아졌다. 나뭇가지를 논 가운데 꽂아 놓고 후들거리는 다리로 겨우 논을 벗어나 논둑으로 올라섰다. '벼가 잘 자라서 가을에 풍년이 들게 해주십시오.' 하면서 절을 해야 할 텐데 "엉엉!" 하는 통곡소리가 먼저 터져 나왔다. 수도 없이 소낙비를 맞고 천둥과 번개를 보았지만 그

마음으로 여는 창

처럼 무서웠던 적은 없었다.

　왔던 길을 되돌아 산길을 오르면서도 흐느낌을 멈출 수가 없었다. 그때 "네가 이렇게 큰소리로 울면서 절을 했으니 올해 벼농사 풍년들겠네." 하는 누나의 웃음 실린 목소리가 들려왔다. 금방 울음을 그치게 되었고 발걸음도 가벼워졌다. 두려움에 떨고 있는 나를 위로해 주기 위해서였는지, 아니면 무척이나 가난했던 그 시절 농사가 잘 되기를 바라는 간절함 때문이었는지는 알 수 없으나 나보다 일곱 살 위인 큰누나는 철이 참 많이 들었다는 생각을 했다.

　해마다 초복이 돌아오면 내 어린 날의 기억은 새로워지고 마음속엔 애틋한 향수가 피어오른다. 이제는 아주 사라져버린 풍습이지만 그 시절로 돌아가 풍년이 들기를 바라던 그때의 소망을 다시 한 번 빌어 보고 싶다.

　한때는 힘겨웠던 시간들이었으나 내 마음에 아물지 못한 상처로 남아있지 않다는 것은 참으로 다행한 일이다. 어려운 시간들이 지나갈 때는 몸과 마음을 할퀴기도 하지만 너무 깊은 상처를 남기지만 않는다면 그 시절 역시 매우 소중한 순간들이며 축복의 날들이었음을 깨닫는다.

큰누나에 대한 소회(所懷)

　　내게 등을 내어준 오직 한 사람인 큰누나가 세상을 떠나셨다. 뇌종양인 '신경교종'을 진단받은 지 11개월만이다. 뇌종양 중에 가장 예후가 좋지 않은 병이지만 수술 후 항암치료를 받고 나서 경과가 매우 좋아 완전히 회복하지 않을까 은근히 기대를 했었는데 갑자기 의식을 잃고 병원에서 3개월을 보내다가 하늘나라로 가셨다. 어머니를 대신하여 나를 돌봐주신 분이라 참으로 마음 아픈 일이다.

　　102살이 되신 어머니가 고향에 계시지만 나는 한 번도 어머니의 품에 안겨본 기억이 없다. 생존을 위해 하루도 쉬지 않고 일에 매달려야 하는 어머니에겐 나를 돌보실 시간이 없었다. 어릴 적 어머니에 대해 내가 기억하는 것은 오로지 곡식과 거름, 연장을 챙기기에 바쁘셨고, 저녁이면 언제나 베틀 위에 앉아계시던 모습뿐이었다. 나보다 일곱 살 위인 큰누나가 초등학교에 가겠다고 했을 때 어머니는 "기집애가? 동생은 어쩌라고 학교에 간단 말이냐?" 하시면서 누나의 말을 잘라버리셨단다. 그때부터 나를 돌볼 책임은 큰누나의 차지가 되어버렸다. 큰누나의 등에 업혀서 손바닥이 허옇게 벗겨지는 두 손으로 누나의 머리카락을 마구 쥐어뜯으며 앙탈을 부리던 것이 나의 가장 오래된 기억으로 남아 있다. 영양실조에 걸려 설사와 온갖 병치레를 하면서 사납게 굴었으니 큰누나의 고생은 이만저만이 아니었을 것이다. 나 때문에 학교 문턱에도 들어가 보지 못한 것이 평생 한이 되었을 텐데 큰누나는 한 번도 나를 원망한 적이 없다. 언젠가 배우지 못해서 서럽고 야속하다며 부모님을 원망한 적은 있으나 내게는 한 번도 서운한 말을 한 적이 없다. 나는 언제나 누나에게 자랑스러운 동생이었고 누나의 기쁨이며 보람이었다.

그랬던 내가 세 번이나 큰누나에게 꾸지람을 들어야만 했다.

첫 번째는 내가 초등학교에 들어가기 전이었던 것으로 기억한다. 부모님은 이웃사람들과 함께 들에서 모내기를 하는 중이었고 큰누나는 6촌 누나와 함께 분주하게 점심준비를 하고 있었다. 너무 어려서 농사일을 도울 수 없던 나는 혼자 방안에서 뒹굴며 "휘익! 휘익!" 하고 이제 막 익히기 시작한 휘파람을 연습하고 있었다. 그때 부엌에서 "야! 휘파람 좀 그만 불어!" 하고 큰누나의 화난 목소리가 들려왔다. 끊임없이 들리는 단발성 휘파람소리가 무척이나 귀에 거슬렸던 모양이다. 하지만 나로서는 누나의 그 말이 무척이나 서운했던가보다. 여태 마음속에 담아두고 있을 만큼.

두 번째는 대학 1학년 봄이었다. 학생아르바이트로 입주하여 가정교사를 하던 중에 매일 오후만 되면 고열과 오한이 나면서 머리가 깨질듯 아파왔다. 저녁에는 끙끙 앓으며 땀으로 몸을 흠뻑 적시고는 했다. 공부를 가르치는 것은 고사하고 학생의 모친이 나를 간호하는 처지가 되어버렸다. 저녁마다 이마에 물수건을 얹어주고 땀을 닦아주시고는 했다. 그 때 마침 자형이 기관사로 발령을 받아 경주에서 일 년을 보내고 동대구역으로 전근이 되어 대구로 이사를 왔다. 동촌으로 가는 길목인 큰고개 밑 버드나무가 있는 기와집의 아래채 방 한 칸을 셋집으로 얻었다. '얼씨구나!' 하고 나는 학생의 집을 나와서 큰누나의 단칸 셋방에 몸을 실었다. 열이 잠시 떨어지는 오전에는 학교에 나가 강의를 들었으나 열이 치솟는 오후에는 실습이나 체육, 교련이 주로 짜여 있어서 친구들에게 대리출석을 부탁하고 수업에 빠지는 날이 반복되었다. 저녁에는 고열과 오한, 두통이 너무 심해서 헛소리까지 하며 끙끙 앓다가 아침에 깨어보면 코피를 쏟아서 베갯잇을 적신 적도 여러 번 있었다. 하루는 자형이 출근한 뒤 누나가 "병원에 가서 치료를 받든지 아니면 고향으로 내려가라."고 했다. 그럴 수 없다고 했더니 '잘못되면 원망을 들을 수도 있으니 고향으로 내려 보내라.'는 자형의 뜻이라며 나를 꾸짖었다. 어쩌면 죽을지도 모른다는 두려움이 실린 말이었다. 졸리다 못해 파티마병원 앞에 있는 개인의원에 가서 '유행성 독감'이란 진단을 받고 주사 한 대와 약 3일치를 타온 것이 치료의 전부였다. 그리고 얼마 후 열이 떨어지고 두통과 근육통은 사라졌으나 그때부터 아침에 눈을 뜨면 숨을 쉬기가 어려울 만큼 양쪽 가슴이 결려서 한참을 추스른 다음에야 겨우 몸을 움직일 수 있었다. 몸이 너무 말라서 뼈만 앙상하게 남은 때문이었던 것 같다. 두 달을 그렇게 앓는 바람에 중간고사와 기말시험을 망쳐 세 과목(국어, 생물, 일반화학) 학점을 놓치고 말았다. 국어와 생물은 방학 중에 열리는 계절수업을 신청하여 학점을 받았고, 일반화학은 이듬해인 의예과 2학년 때 재수강을 해야만 했다. 내가 병을 앓는 중에 주인집 딸과 다른 셋방 사람 2명이 열병을 앓는다고 했다. 그때는 몰랐는데 본과 3학년이 되어 내과학을 배우면서 내가 앓았던 병이 장티푸스였고, 같은 집에 살던 다른 세 사람도 장티푸스에 걸렸었다는 사실을 알게 되었다. 득시글거리던 파리 떼가 나의 대변을 통해 나온 병균을 그들에게 옮겨주었던 것이다. 당시 그 집은 재래식 화장실과 지하수를 펌프로 끌어올려서 사용하고 있었다.

　누나에게 들은 세 번째 꾸지람은 제대 후 대학에 조교로 들어가서 첫 월급을 받았을 때였다. 당시의 풍습대로 어머니의 붉은색 내의

한 벌을 마련한 뒤 무얼 더 해드렸으면 좋을지 누나에게 물었더니 고기를 사드리는 게 좋겠다고 했다. 나는 대뜸 "아니, 고기는 무슨? 잡숫지도 못하는 걸?" 하였더니 갑자기 불같이 화를 내면서 "너희들 때문에 안 잡수셔서 그런 거지, 고기를 정말로 못 잡수시는 줄 아니?" 하였다. 생전 처음 알게 된 사실이었다. 평소에는 구경도 할 수 없는 고기였지만 명절이나 제삿날이 되어 제사상에 올릴 고기를 장만하더라도 어머니는 고기를 입에도 대신 적이 없었다. 이웃에서 제사음식이 들어와도 "아이구! 비린내가 나서 나는 고기는 못 먹는다." 하시면서 손사래를 치시고는 했다. 자식들을 위해 그리하셨다는 사실을 나는 그날에야 알게 되었다. 그러시던 분이 지금은 고기를 얼마나 잘 드시는지 감탄스러울 정도이다. 100세를 넘기시게 된 비결도 고기 덕분이 아닌가 싶다.

화를 낼 줄 모르고, 남에게 서운한 소리는 입에도 담지 못하는 큰누나는 천사처럼 고운 마음을 지닌 분이었다. 나이가 들어서도 계절의 변화에 민감하였고, 봄이 오면 소녀 같은 모습으로 고향의 산과 들을 뛰어다니며 봄나물을 뜯고는 했다. 공부를 하였더라면 누구보다 아름다운 시나 글을 쓰셨을 분인데 참으로 안타깝고 아쉬운 일이다. 전문가 못지않게 마당 가득 분재를 키워놓으셨는데 주인 떠난 집에서 그들도 마음 아픈 나날을 보내게 될 것 같다.

마음으로 여는 창

패랭이꽃

　　대학을 졸업할 때까지 내 기억 속에 등장하는 아버지는 언제나 초라한 모습이었다. 가난한 소작농의 외아들로 태어난 아버지는 여덟 식구의 가장이란 무거운 짐을 지셔야만 했다. 120명의 의예과 입학동기생들 중에 농사꾼의 아들이 셋 있었는데 나도 그 중의 하나였다. 부모의 직업이나 학벌, 집안 형편 등 어느 하나 내세울 것 없던 나는 친구들 앞에서 아버지에 대한 얘기를 꺼낼 수가 없었다. 햇볕에 검게 그을린 얼굴로 유일한 외출복인 하얀 두루마기를 걸친 아버지의 모습을 친구들에게 보이고 싶지 않았다. 거리에서 아버지 비슷한 사람만 보여도 가슴이 철렁 내려앉는 것 같았다. 나의 대학 졸업식 날이 아버지께서 내가 다닌 대학 캠퍼스를 처음 밟으신 날이었다.

　그 당시 내 마음속에 담긴 아버지의 모습은 물질에 대한 욕심도, 가장으로서의 용기도 없는 무지하고 가난한 농사꾼에 불과하였다. 이웃들에겐 따뜻하게 대하시면서 가족들에겐 무심한 아버지의 태도가 못마땅했고, 굶주린 자식들을 위해 억척스럽게 삶을 꾸려 가시는 어머니를 실망케 하는 아버지가 원망스러웠다. 우리가 손해를 보는 모든 것이 아버지 때문이란 생각이 들기도 했다.

　경지정리위원으로 선정되셨을 때 집안일은 제쳐두고 보수도 없는 그 일에 아버지는 밤낮으로 매달리셨다. 높낮이가 천층만층이고 논과 논 사이의 경계가 들쑥날쑥하던 들판을 불도저로 밀어서 바둑판처럼 칸을 지어 놓으면 원 주인들에게 다시 나눠주는 일이었다. 일이 마무리되고 결과가 발표되었을 때 우리 가족들이 받은 충격은 거의 절망에 가까운 것이었다. 목 좋은 곳에 있던 우리 논 세 마지기가 구석자리로 밀려나 있었기 때문이다. 그리고 그렇게 한 당사자가 아버지였음을 알고 우리는 어머니와 함께 아버지를 성토했다. 우리의 생명과도 같은 그 논을 얻기 위해 식구들이 굶주림을 참아가며 고생한 것을 생각하면 도저히 있을 수 없는 일이었다. "내가 경지정리위원인데 어찌 우리 땅을 물길 좋고 번듯한 곳에 가질 수 있느냐?"는 아버지의 변명 아닌 변명에 우리는 분노와 실망을 동시에 느껴야만 했다. 세상에서 가장 무능하고 자신의 가족을 챙기지 않는 사람이 내 아버지인 것 같았다.

'나는 아버지처럼 살지 않을 거예요!'

그런 아버지의 모습을 볼 때마다 내 가슴속에서 메아리처럼 울리던 소리였다.

그런데 언제부턴가 아버지는 우리 가족의 든든한 울타리가 되고 있다는 생각이 들고는 했다. 가난하고 초라했지만 우리 가족들을 대하는 주위 사람들의 태도가 언제나 호의적이었던 것도 아버지에 대한 신뢰와 존경 때문이었음을 알게 되었다.

부드러워 보이는 겉모습과 달리 아버지는 강한 의지를 지닌 분이었다. 모든 일을 공평무사하게 처리하셨고 옳지 않은 일에 대하여는 단호하게 아니라고 선을 긋는 분이었다. 스스로 손해를 입을지언정 남에게 손해를 끼치는 일이 없었고, 누구의 마음도 아프게 하신 적이 없었다. 다른 사람을 향해 원망을 쏟아내는 것은 물론, 남들을 비난하는 말을 입에 담지 않으셨다. 《명심보감》을 이 세상 최고의 진서로 알고 실천해 오셨으며 돌아가시기 사흘 전까지도 아버지의 손에는 《명심보감》이 들려있었다. 학교 문턱도 밟아보신 적이 없고 서당에서 배운 것이 학문의 전부였지만 바른 생각 하나로 평생을 살아오신 분이었다.

다른 사람을 배려하는 아버지의 마음을 나는 비굴함과 우유부단으로 단정했었다. 아버지의 공평무사함을 나는 무능과 가족에 대한 무책임으로 판단했었다. 많은 시간이 흐르고 나서야 내가 그토록 원망하고 부끄러워하던 아버지가 누구보다도 자랑스러운 분이라는 사실을 알게 되었다. 아버지께서 돌아가셨단 연락을 받고 고향으로 달려가 아버지 영정 앞에 무릎을 꿇던 날, 나의 어리석음을 통감하였고 아버지에 대한 경외심으로 가슴이 벅차오르는 것을 느꼈다.

그 후 한동안 아버지 생각이 날 때마다 눈물이 쏟아지고는 했다. 이 세상에서 아버지를 다시 뵐 수 없다는 사실이 너무 슬펐고, 생전에 아버지께 저질렀던 불효가 가슴을 아프게 했다. 외모는 물론 성격까지도 아버지를 가장 많이 닮은 아들이었건만 내게 씌워진 아버지의 흔적을 지워버리기를 원했고, 마음속에서 아버지를 밀어내기 위해 애를 썼던 지난날이 후회스러웠다. 정작 부끄러워해야 할 존재는 아버지가 아니라 바로 나 자신이었다.

말년이 되자 아버지는 내가 태어나기도 전에 돌아가신 할아버지를 몹시 그리워하셨다. 근처에는 보이지 않던 패랭이 한포기가 할아버지 무덤 위에 자라나 꽃을 피웠을 때 아버지는 어린아이처럼 기뻐하셨다. 그 후로도 할아버지 산소를 찾을 때마다 패랭이꽃을 바라보는 아버지의 얼굴에는 환한 미소가 피어오르곤 했다. 아버지 마음속에 간직하고 있던 카네이션이 패랭이꽃으로 피어났다고 믿으셨던 게 분명했다.

아버지 떠나신 지 일곱 해, 아버지의 삶이 더욱 선명한 모습으로 내게 다가온다. 언젠가 아버지에 대한 그리움이 가슴에 사무치고 패랭이꽃이 아버지 무덤 위에 분홍빛 수를 놓는 날 나도 아버지 곁으로 돌아가리라.

가장 소중한 인연

나이가 들수록 부모님과 보낸 시간들이 그립고 다시 그 시절로 돌아갈 수 없는 안타까움에 마음이 저려오고는 한다.

아주 어릴 적엔 아버지 없이는 잠을 이루지 못할 만큼 아버지를 따랐었다. 초저녁에 잠이 들었다가 도중에 깨었을 때 곁에 아버지가 계시지 않으면 울고불고 난리를 치는 통에 형이나 누나가 마을 가신 아버지를 모셔와야만 했다. 중학교를 졸업하고 고향을 떠난 이후로 혼자 잘난 척 살아오면서 아버지의 애틋한 심정을 헤아리지 못하였다. 그러다가 아버지께서 돌아가시고 난 뒤 생전에 서운하게 해드린 일들이 생각나서 가슴 아플 때가 많았다. 한동안 아버지 얘기만 나오면 목이 메어 말을 이어갈 수 없었다.

지금 고향에는 103살이 되신 어머니가 계시는데 백세를 넘기신 뒤부터는 기억력도 가물가물해지시고 이젠 앙상해진 몸을 가누지도 못하신다. 어머니마저 세상을 떠나시고 나면 텅 빈 가슴을 어이할까 미리부터 마음이 저려온다.

어머니는 내게 참 멀고도 가까운 분이었다. 이른 아침 내가 잠에서 깨기도 전에 들일을 나가시면 날이 어두워서야 돌아오셨다. 늦은 저녁을 드신 후에도 안방 윗목에 놓인 베틀에 앉아 밤늦도록 베를 짜시고는 했다. 15개월 차이로 동생이 태어나고, 다시 두 해 후 막내가 태어나는 바람에 아주 어릴 적부터 나는 어머니에게서 멀어져야만 했다. 저녁이면 사랑방에서 아버지의 가슴에 손을 얹은 채 잠이 들었다. 어머니의 품에 안겨본 기억이 없고 어머니의 품속이 어떤 느낌인지도 모른다. 아주 잠깐 어머니의 품을 느낄 기회가 있었는데 이미 내가 너무 커버린 뒤의 일이었다. 대학 일학년 여름방학을 맞아 고향집 어머니 곁에서 잠이 들었다가 주무시는 어머니의 가슴에 손을 살짝 올리기는 했으나 품속을 파고들지는 못하였다.

내가 자랄 적에 어머니는 너무 엄격하신 분이었다. 아버지는 부드러운 성품이신데 비해 어머니는 우리 형제들 모두에게 두려움의 대상이었다. 어머니에게 부드럽고 따뜻한 모습은 기대할 수가 없었다.

결혼 후 아내에게 '애정결핍증을 가진 사람 같다'는 소리를 들었던 것도 그 때문이 아니었을까 싶다.

초등학교 5학년 때 외가에 다녀오신 어머니께서 몹시 흐뭇한 표정으로 '천재 같은 아들을 둬서 좋겠다.'며 마을사람들이 부러워하더라는 말씀을 하셨을 때 내 마음은 그렇게 뿌듯할 수가 없었다. 내가 다니던 초등학교가 외가 마을과 가까운 곳이라 학교에서 번져간 소문 때문이었다. 처음으로 어머니께 나의 존재를 인정받았다는 생각이 들었다. 어머니는 정을 표현하는 것이 서툴렀고 정을 나눌 시간조차 없을 만큼 절박한 처지였다는 것은 세월이 한참 흐른 뒤에야 알게 된 사실이었다.

어릴 때는 어머니의 태도를 도저히 이해할 수 없었다. 이따금 어머니에 대해 원망하는 마음을 품기도 했다. 어머니에겐 오로지 일이 전부였다. 내가 아무리 공부를 잘하고 집안일을 열심히 거들어도 칭찬 한 번 들어 본 적 없고 용돈 같은 것은 아예 바랄 수도 없었다. 공책과 연필을 비롯해 준비물은 언제나 친구들보다 초라했다.

초등학교 4학년 운동회 때는 4,5,6학년 남학생들이 참여하는 곤봉체조에 모두들 기계로 깎은 반들반들한 곤봉을 사서 손에 들었는데 나 혼자만 아버지가 깎아서 만든 울퉁불퉁한 곤봉을 들어야 했

마음으로 여는 창

다. 어머니의 강요 때문이었다. 심지어 초등학교 졸업을 앞두고 수학여행도 나 때문에 행선지가 바뀌기도 했다. 여러 해 전부터 선배들이 법주사가 있는 보은의 속리산을 다녀왔기 때문에 당연히 우리도 속리산을 다녀올 예정이었다. 그런데 어머니께서 수학여행을 보내지 않겠다고 하셨다. 졸업생 58명 중에 내가 반장이었지만 그런 것과는 상관없이 돈이 많이 든다는 것이 이유였다. 마을 친구 세 명의 부모가 집으로 찾아와서 내가 수학여행을 가지 못하면 친구들도 보내지 않겠다며 어머니를 설득하였으나 소용이 없었다. 결국은 기차여행이라 경비가 절반 밖에 들지 않는 김천 직지사로 행선지를 바꿔야만 했다. 세월이 흐르고 어머니의 마음을 이해하게 되면서 야속하던 마음은 모두 사라지고 지난 일들이 따스한 추억으로 되살아나 어머니에 대한 고마움을 더 깊게 한다.

그런 어머니가 얼마 전에 세상을 떠나셨다. 언제나 고향집을 지키고 계시던 든든한 기둥이 사라지셨다. 이젠 나 스스로 기둥이 되어 남은 날들을 살아가야 한다. 내 나이 예순여덟, 내 인생도 막바지에 접어들었다. 언젠가 그리운 부모님 곁으로 돌아갈 날을 기대해 본다.

어머니! 당신과의 소중한 인연이 다음 세상에도 계속 이어질 수 있기를 바라고 또 바랍니다.

마음으로 여는 창

마음으로 여는 창

다시는 내게 치료받으러 오지 마세요

부끄러운 하루

사자가 울고 있다

어머니의 생활철학

이발과 도깨비방망이

작은 거인

좋은 친구를 갖고 싶다

통증과 싸우는 밤

잡초 같은 인생

날마다 후회하며

원망을 할 것인가

공감에 대하여

준비된 하루

새해를 맞으며

고 병 구 수 필 집

마음으로 여는 창

마음으로 여는 창
- 내게 또 다른 운명의 창이 열린다면 -

　　하늘 한번 쳐다 볼 시간 없이 하루가 흐른다. 아침 8시 반, 진찰실에 들어서면 저녁 7시까지 벗어날 일이 없다. 일 년에 한두 번 잠시 바깥나들이를 할 때가 있는데 일에서 해방된 것이 아니라 공공기관을 찾아야 할 일이 생겼기 때문이다. 대낮에 달리는 차 안에서 푸른 하늘을 쳐다보면 다른 세상에 온 느낌이 든다. 하지만 속히 일을 마치고 제자리로 돌아가야 한다는 생각이 마음을 재촉한다.
　　쳇바퀴처럼 돌아가는 일상에서 주말이 기다려지는 것은 사실이나 토요일도 오후 서너 시는 되어야 손을 털고 일어날 수 있고, 일요일이라 해서 마음껏 여유를 부릴 수는 없다. 연수강좌나 빠져서는 안 될 모임이 있거나 평일에 미뤄놨던 일들이 기다리고 있기 때문이다. 한 달에 한두 번 시간을 내어 야외로 나가면 모든 것이 새롭게 느껴진다.

항상 마음을 집중하여 누군가의 아프다는 호소에 귀를 기울여야 한다. 그렇게 서른세 해를 보내는 동안 반복되는 삶에 회의를 느낀 적도 있으나 세월과 함께 모든 것을 숙명으로 여기며 익숙하게 받아들인다. 나를 새장 속에 갇힌 새처럼 보는 이들이 있고 실제로 그런 말을 건네는 환자들도 있지만 스스로 그런 생각에 빠져본 적은 없다. 한정된 시간과 공간에 매여 있는 삶이라 해도 구속되지 않은 마음으로 살아갈 수 있기 때문이다.

내게는 출퇴근을 위해 들고 나는 하나의 문과 유리로 된 서쪽 창만 있는 것이 아니라 수시로 뛰쳐나갈 수 있는 여러 개의 문과 창들이 있다. 지금까지 내가 살아온 과거로의 문, 앞으로 펼쳐질 미래로 향하는 문, 내가 앉은 자리에서 사람들과 나눌 수 있는 대화의 문을 비롯하여 몇 개의 문과 크고 작은 창들이 있다. 이들을 통해 나는 바깥세상, 새로운 세계를 향해 나아갈 수 있다. 열쇠꾸러미가 없어도 내가 원할 때면 언제라도 드나들 수 있는 나만의 문들이며 내 마음의 창들이다. 내가 하늘을 보고 싶으면 파란 하늘이 거기 있고, 내가 놀던 고향의 시내가 보고 싶으면 맑은 시냇물이 거기에 흐르고 있다. 내가 눈을 감으면 보고 싶었던 얼굴이 나타나고 내가 듣고 싶었던 목소리가 들려오기도 한다.

마음으로 여는 창

종일 자리를 굳게 지키면서도 이러한 문과 창들 덕분에 나는 쉽게 피로하거나 지치는 것을 느끼지 못한다. 설혹 조금 지친 저녁이라 해도 집에 돌아와 책을 열면 또 하나의 문이 만들어져 재충전을 가능케 한다. 몸은 시간과 공간에 매여 있어도 마음은 언제든 원하는 곳을 향해 날아갈 수 있다는 것, 그것이 나를 자유롭게 한다.

그러나 젊은 날의 내 인생은 비 오는 날 산등성이를 타고 흐르는 구름처럼 변화무쌍했었다. 내가 원하여서 의과대학에 들어온 것이 아니었고 의사라는 직업도 적성에 맞지 않는 것 같았다. 잘못된 길로 들어섰다는 생각을 하며 의예과 2년을 보냈다. 내가 정말로 좋아할 수 있는 다른 길을 찾고 싶었다.

그러다가 캠퍼스에서 활동하는 기독교선교단체를 만난 후 신앙의 길로 빠져들게 되었다. 대학생활의 대부분을 신앙생활을 하는 캠퍼스 친구들과 함께 보내면서 나의 가는 길도 신의 뜻에 따르리라 다짐했었다. 졸업과 동시에 모두가 외면하던 기초의학인 해부학을 선택했던 것도 그런 이유에서였다.

그러나 대학에 발령받고 닷새 만에 연좌제에 휘말려 무관후보생 자격이 박탈되고 징집영장이 나오는 바람에 영문도 모른 채 입대를 하게 되었다. 대학에서 4년을 보낸 후 군의관 대위로 임관될 예정이었고 바로 입대하여도 중위였을 텐데 졸지에 이등병 신세가 된 것이었다. 위생병으로 33개월의 군복무를 마치고 다시 대학으로 돌아가

학생들을 지도하며 2년을 보냈다. 그러다가 쉽지 않은 인연으로 아내를 만나 학교를 떠나 임상의 길로 돌아서게 되었다.

5년간의 공백으로 인해 임상의학에 대한 지식이 바닥난 상태에서 시작된 인턴생활은 하루하루가 피를 말리는 날들이었다. 그러나 시간이 흐를수록 의사는 내게 천직이란 생각이 들었고 인턴을 마칠 무렵 가장 다양하고 생사와 관련된 질환을 많이 다루는 내과를 전공하기로 마음을 굳혔다. 하지만 전기 지원에서 탈락하여 후기 병원을 찾아 울산까지 가야만 했다. 수련과정 첫해는 매주 한 번 옷을 갈아입기 위해 집에 들른 외는 병원을 벗어날 수 없었다. 종일 환자들과 씨름을 하고도 저녁마다 혼자 당직을 서면서 50여 명의 입원환자를 돌봐야 했다. 1년 차를 마칠 무렵 병원장인 내과 과장님과 모교 대학병원 내과 주임교수님께서 2~3년 차는 일정 기간을 대학병원에서 수련 받게 배려해 주셨다. 그러나 교수님을 따라 회진을 돌 때면 실력이 쟁쟁한 후배들 앞에서 쥐구멍을 찾고 싶을 만큼 열등감에 사로잡히곤 했다. 저녁마다 '뒷방'이라 불리는 공부방에 홀로 남아 책을 뒤지며 밤을 새우다시피 했다. 그때의 노력이 없었더라면 아마 나는 제대로 된 내과의사가 되지는 못했을 것이다.

한때 마음을 정하지 못해 의사의 길을 외면하고 공부를 소홀히 했던 것을 얼마나 후회했는지 모른다. 그럼에도 불구하고 흔들리지 않고 지금까지 의사로 살아오게 된 것은 하늘이 내린 축복이라 생각된다. 팽팽한 긴장감 속에서 쉽게 지칠 수 있는 의사의 삶이지만 늘 기꺼운 마음으로 환자들을 대하고 그들로부터 힘을 얻게 된 비결은 비틀거리며 보낸 날들이 있었기 때문이라 믿는다.

생의 갈림길에서 어느 길을 택하든 그것은 선택의 차이일 뿐 옳고 그름의 문제는 아니라 생각한다. 열정을 다해 살아온 세월이라면 잃은 것이 더 많은 것처럼 보였을지라도 그 시간들은 다른 형태의 보상으로 채워지기 때문이다. 그리고 어느 과정이 잠시 늦고 빠른 것 또한 인생에 큰 의미를 둘 필요가 없다는 것을 알게 되었다.

지금까지 내가 열어본 수많은 문과 창들은 그저 단순한 상상의 산물이 아니었다. 그들은 내게 굳게 닫혀 있던 현실의 문을 열어주었고, 현재의 삶에 더욱 충실하게 했으며, 내게 꿈과 희망과 자유를 가져다주었다.

이제 나는 미래로 향하는 길목에서 새로운 기대로 남은 삶을 보내려 한다. 내게 또 다른 운명의 창이 열린다면 나는 기꺼이 그 길을 따라 여행을 계속하리라. 어쩌면 지금까지의 삶을 돌아보며 마음을 정리하는 이 시간이 내게 주어진 또 하나의 여정이라 생각한다. 지금 내 마음속에는 나를 사로잡는 어떤 기대가 꿈틀거리고 있음을 느낀다.

다시는 내게 치료받으러 오지 마세요

　　　　다른 해보다 조금 이른 12월 중순인데 독감이 유행하고 있었다. 고열과 근육통으로 병원을 찾는 환자들의 대부분이 신속항원검사에서 A형 독감 양성반응을 보이고 있었다.

　열이 있는 환자들에겐 마스크를 제공하고 먼저 진찰실로 불러들여 진찰하는 중인데 78세 할아버지 한분이 들어오셨다. 체온은 37.9도. 전에도 두 차례 방문한 적이 있는 분이다. 처음 내원은 지난 2월이었는데 대학병원에서 만성폐쇄성폐질환(COPD)과 기관지천식으로 치료를 받으시다가 약을 중단한 사이에 갑자기 호흡곤란이 심해져서 찾아오셨고 두 번째는 7월인데 역시 기침과 호흡곤란으로 오셨다가 같은 처방을 받아 가셨다.

그런데 이번에는 호흡곤란이 더 심한 데다 열까지 동반하고 있었다. 숨이 가빠서 말을 제대로 이어가지 못했고 목에서는 '그르렁 그르렁' 가래 끓는 소리가 났다. 수개월째 흡입기 사용은 중단한 상태였고 담배는 여전히 피운다고 했다.

"내 병은 어떻게 치료될 수 없는 병인가요?" 하시는 말씀에 "이 병은 완치될 수 없습니다. 갈수록 악화되어 결국은 호흡곤란으로 돌아가시게 될 겁니다." 하고 책자까지 펼쳐 보이면서 까칠하게 대꾸했다. 반드시 담배를 끊어야 한다고 여러 차례 주의를 들었을 텐데 전혀 끊을 마음이 없고 다급하면 이따금 병원을 찾는 행위가 얄미웠기 때문이다.

3일 뒤에 대학병원에 진료예약이 되어 있다면서 우선 호흡곤란이나 해결해 달라는 말에 정맥주사용 기관지확장제를 처방하여 주사실로 보냈다. 열이 더 오를 것 같아 도중에 체온을 한 번씩 재어보도록 했다.

다른 환자를 진료하는 중인데 할아버지의 체온이 38.5도로 올랐다는 연락이 왔다. 독감이나 폐렴에 걸렸을 가능성이 높았다. 고령에다 호흡곤란이 심한데 독감이나 폐렴까지 겹친다면 금방 위험해질 수도 있는 일이었다. 즉시 흉부X선 촬영이나 간단한 혈액검사(cbc), 혹은 독감신속항원검사 중에 어느 것이든 먼저 받아보시도록 했다. 하지만 대학병원에 가서 하시겠다면서 검사를 거부하신다는 답이 왔다.

처음부터 마뜩찮게 여기던 환자가 생짜배기 고집만 부린다는 말에 울컥하고 화가 치밀었다. 해열제로 해결될 일이 아니어서 바로 대학병원으로 보내야겠다고 생각했다. 주사가 끝나자마자 진찰실로 불러들여 진료의뢰서를 작성하면서 대뜸 "3일 후가 아니라 지금 당장 대학병원으로 가세요!" 했다. 그쯤에서 끝냈더라면 좋았을 것을…. 마음속에 담아뒀던 말을 기어이 꺼내고 말았다.

"다시는 내게 치료받으러 오지 마세요!"

그 순간 생각지도 못했던 할아버지의 분노를 맞닥뜨려야 했다.

"지금까지 수도 없이 병원에 다녀보았지만 '내게 다시는 치료받으러 오지 말라'는 의사는 처음 본다. 의사가 환자에게 어떻게 그렇게 심한 말을 할 수 있나?"

진료실 바닥에다 수차례나 가래침을 뱉으면서 내 인간성까지 훑어 내리는 수모를 당해야만 했다. 한참 동안 숨을 쌕쌕거리며 분풀이를 하시는데 죄송하다는 말씀을 거듭 드렸지만 화를 가라앉히는데는 역부족이었다. 마냥 기다릴 수도 없고 '화가 좀 가라앉으면 나가시겠지.' 하는 마음으로 다음 환자를 불러 진찰을 계속하는 수밖에 도리가 없었다. 서너 명의 환자가 진찰을 받고 나간 후에야 할아버지는 한 번 더 "퇴엣!" 하고 바닥에다 침을 뱉으며 "나도 너 같은 의사한테 다시는 오지 않을 끼다." 하고는 진찰실을 나가셨다.

마음으로 여는 창

내 기분대로 쏟아낸 한마디가 화근이었다. 그런대로 괜찮다고 생각하며 살아온 나의 인격을 다시 돌아보면서 종일 무거운 마음으로 보내야 했고 그 후로도 여러 날을 자책하며 보냈다.

환자를 진료하다 보면 가끔은 충격요법을 써야 할 때가 있다. 술이나 담배와 관련된 병이거나 당뇨병 같은 경우에는 환자가 적극적으로 협조하지 않으면 치료효과를 기대하기 어렵다. 그런 환자에겐 나도 모르게 가시처럼 날카로운 표현을 쏟아내곤 했는데 앞으로는 내 감정을 앞세워 환자의 마음에 상처를 입히는 어리석음은 범하지 않겠다고 다짐했다.

의사로서 환자를 대할 때는 언제나 진실(眞實)과 성실(誠實)과 따뜻함(溫實)으로 다가가야 한다는 사실을 다시 한 번 상기하게 되었다.

부끄러운 하루

"그 총 이리 내!"
나는 아이의 손에서 기관총 2정을 기어이 빼앗고 말았다.
"따따따따따, 따따따따따, 따따따따따, ……"
언제부턴가 몹시 귀에 거슬리는 소리가 계속해서 들려오고 있었다. '곧 조용해지겠지.' 하는 마음으로 이제나저제나 했으나 전혀 소리가 멈출 기색은 없어 보였다. 직원이 조용히 해달라는 부탁을 하는 것 같았지만 소용이 없자 대기하던 환자 중에서 누군가가 다시 뭐라 했으나 결과는 마찬가지였다. 진료에 집중이 되지 않으니 나도 모르게 신경이 날카로워지고 있었다. 간간이 멈췄다가는 금방 다시 시작되는 '따따따따……' 소리가 한 시간을 넘게 울려대고 있었다.

오전 마지막 환자를 보고 대기실로 나와서 누가 그러는가 하여 소리의 주인공을 찾으니 초등학교 4~5학년쯤 되는 어린아이가 양손에 장난감 기관총을 들고 총구로 승강기 버튼을 누른 채 부지런히 방아쇠를 당기는 모습이 눈에 들어왔다. 곁에는 좀 전에 진찰을 받고 나온 아이의 아버지로 보이는 사람이 앉아있었다.

치밀어 오르는 화를 억누르며 아이에게로 가서 최대한 부드럽게 "너무 시끄러우니까 여기서 총을 쏘지 말아줄래?" 하고 부탁을 한 뒤 식당이 있는 위층으로 향했다.

그런데 서너 발자국도 옮기지 않았는데 등 뒤에서 '따따따따······' 소리가 들려왔다. '아니, 뭐 이런 녀석이?' 이번에는 목소리를 높여 "야! 너, 다시 총을 쏘면 엉덩이에 주사를 놔 줄 테다." 하고 협박을 했다. 그리고는 직원을 돌아보며 "한 번만 더 총을 쏘면 이 녀석 엉덩이에 굵은 주사 한 방 놔주세요."라는 말이 미처 끝나기도 전에 또 뒤에서 "따따따따따, 따따따따따" 소리가 났다. 그 바람에 참았던 화가 폭발하고 말았다. '어디! 이 녀석 혼 좀 나봐라!'하는 생각으로 획 돌아서며 "나중에 돌려줄 테니 그 총 이리 내!" 하고는 아이가 들고 있는 총을 모두 낚아채 버렸다. 처음엔 완강하게 버티다가 총을 빼앗기는 순간 시뻘겋게 달아오른 얼굴로 "으앙!"하고 울음을 터뜨렸다. 원망스러운 눈초리로 나를 쏘아보기에 나도 눈을 부라리며 "이녀석, 울지 마!" 하고 더 큰 소리로 호통을 쳤다. '아이에게 이렇게 하는 건 아닌데.' 하는 생각이 잠시 머리를 스쳤으나 나의 감정은 그보다 한발 앞서가고 있었다. 아이를 향해 쏟아지는 분노는 이미 내 인내심의 한계를 벗어난 상태였다.

막상 총을 빼앗기는 했지만 어떻게 처리할지 난감하여 양손에 총을 들고 망설이는 중에 눈물을 뚝뚝 떨구고 있는 아이의 모습이 다시 눈에 들어왔다. 그제야 정신이 번쩍 들었다. 얼른 아이에게 총을 돌려주면서 아이의 아버지에겐 "미안합니다." 하고 사과를 했다. 하지만 마음이 개운치 않기는 마찬가지였다. '도대체 내가 저 아이에게 무슨 짓을 한 거지? 어쩌다가 내가 이처럼 유치하게 된 걸까?' 갑자기 서글픈 생각이 들었다.

그때까지 곁에서 가만히 지켜만 보고 있던 아이의 엄마로 보이는 여자가 조심스럽게 다가왔다. 혼란스러운 마음으로 갈피를 잡지 못해 허둥대고 있는 나를 향해 겨우 알아들을 수 있는 목소리로 "애가 ADHD(주의력결핍 과잉행동장애)라서 조절 장애가 심해서 우리도 어떻게 할 수가 없으니 이해해 주세요." 하면서 미안한 표정을 지었다. 그 순간 나는 몽둥이로 머리를 세게 얻어맞은 느낌이었다. 부끄럽고, 쑥스럽고, 미안하고…… 뭐라 표현할 수가 없었다.

복잡한 마음을 안고 식당으로 올라와 수저를 들었으나 밥 먹을 마음이 내키지 않았다. 입안에 든 밥이 모래알처럼 느껴졌다. 더는 총

마음으로 여는 창

소리가 들리지 않기에 '이젠 가버렸군!' 생각하며 후회를 씹고 있는데 아래층에서 "따따따따……" 소리가 다시 들려왔다. '행여 아이가 가버릴세라' 들고 있던 밥숟가락을 던져버리고 급히 아래층으로 뛰어 내려갔다.

아이를 향해 다가가며 "미안하다. 내가 정말 미안하다." "내가 너한테 정말로 잘못했다. 미안하다." 아이의 손을 잡고 몇 번이고 용서를 구했다. 어리둥절한 표정을 짓는 아이를 끌어안았더니 아이의 얼굴에 씨익 웃음기가 번졌다. 그 순간 내 가슴을 찌르던 가시 하나가 쑤욱 빠지는 것 같았다. 접수대에 있는 사탕을 한 움큼 집어서 아이에게 건네려고 했더니 아이의 엄마가 당황해하면서 사탕을 먹으면 아이가 더욱 흥분하게 된다며 사양을 했다. 아이의 얼굴에 잠시 서운한 기색이 스치는 것을 보고 접수대 뒤로 돌아가 두유를 몇 개 찾아서 챙겨주었더니 아이의 표정이 금세 밝아지는 것을 볼 수 있었다. 그토록 밉상스럽게 보이던 아이가 말할 수 없이 귀엽고 사랑스러운 모습이 되어 있었다.

계단을 내려가는 아이의 뒷모습을 보면서 나에게 받은 마음의 상처가 깨끗이 지워지기를 빌었다. 멀어져가는 "따따따따……" 소리가 아름다운 음악 같았고 무겁던 내 마음도 한결 가벼워지는 것을 알 수 있었다.

아이와 다시 만날 수 있었던 것은 정말 다행이었다. 그대로 헤어졌더라면 나는 상한 마음으로 하루를 보내야 했을 테고 아이의 마음에 심어준 상처는 두고두고 내 마음에 족쇄가 되었으리라.

나는 오늘 나 자신이 한없이 부끄러웠다.

사자가 울고 있다

　　50대 후반의 덩치 큰 남자가 내 앞에서 울고 있다. 세상에 태어날 때 첫울음을 울어본 이래 한 번도 울어본 적이 없었을 성 싶은 남자가 "꺼억, 꺼억" 목놓아 울고 있다. 커다란 눈가에 눈물방울을 매달고 자꾸만 저렇게 목 너머로 울음을 삼키다가는 가슴이 터져 버릴 것만 같다.

　　위암에 걸린 서른 살 외아들을 하늘로 보낸 그를 위로해 줄 말이 없다. 암세포가 몸 구석구석을 파고들어 치료 한 번 제대로 받아보지 못하고 수개월을 중환자실에서 인공호흡기로 버텨오던 아들이 숨을 거둔 지 한 주일이 되었단다. 그동안 밤낮 술로 아픈 가슴을 씻어오던 호랑이 같은 남자가 지금 내 앞에 나타나 온몸으로 울고 있다.

　내게도 아들의 얼굴을 보지 못하고 목소리조차 듣지 못하며 보낸 세월이 있었기에 그의 애틋한 마음을 조금은 알 것도 같은데 그가 내뿜는 처절한 울음에 실린 슬픔은 도저히 헤아릴 수가 없다. 살아 있기만 하다면 언젠가 다시 만나리란 희망이라도 가질 수 있으련만, 설혹 다시 만나지 못한다 할지라도 어딘가에 살아있다는 사실만으로도 위로를 받을 수 있을 텐데…. 영영 돌아올 수 없는 길을 떠나버린 아들을 어디서 만날 것이며 어떻게 위로를 받을 수 있단 말인가? 사라진 그의 분신으로 인해 찢어진 가슴으로 우는 이 남자의 마음을 어찌 스쳐지나간 나의 작은 아픔과 비교하랴.

　힘내시라고, 시간이 모든 걸 잊게 해 줄 거라는 말이 입안에서 맴돌지만 지금 이 남자에게는 건넬 수 있는 말이 아니다.

　"손주는 몇 살이에요?"

　겨우 한마디를 던졌더니 이제 아홉 달이 되었단다. 아직 말도 못하는 어린 생명이지만 아들이 남기고 간 유일한 혈육이다. 하지만 그에게는 아들이 바친 최상의 효도이고, 위로이며, 희망이리라.

　보잘 것 없는 작은 미생물에서부터 만물의 영장인 사람에 이르기까지 모든 생명 있는 존재들에게 가장 강렬한 본능이 있다면 그것은 종족보존의 본능이라 할 수 있다. 살아 있는 모든 생명체는 자신의 뒤를 이을 작은 생명의 씨앗을 이 세상에 남기는 것을 지상의 과제

마음으로 여는 창

로 삼고 있기 때문이다.

　요즘은 자식을 짐으로 여기는 이들을 드물지 않게 볼 수 있고, 이 세상의 부를 자식에게 물려주지 못할 양이면 자식의 존재조차도 부정하려는 이들도 늘고 있다. 이처럼 기이한 현상을 무엇으로 설명할 수 있단 말인가? 자식이란 세세대대로 이어갈 나의 분신이며 생명의 흐름이기에 그 흐름을 단절시키는 비본능적인 태도를 우리가 받아들여야 할 정당한 사고라 볼 수는 없다.

　우리가 이 세상을 떠날 때 받을 수 있는 가장 큰 위로는 나의 분신이 나를 대신하여 이 땅에서 생명을 이어간다는 것이며 그것은 어떤 위대한 신으로부터 얻는 위로보다도 강렬한 것임에 틀림이 없다. 지금 내 앞에서 울음을 삼키고 있는 이 남자에게도 자신의 아들이 남긴 생명의 씨앗이 가장 소중할 뿐 아니라 가장 큰 위로가 된다는 사실은 누구도 부인하지 못하리라.

　용맹한 사자 같은 이 남자의 아픈 가슴을 위로해줄 어린 생명이 언제까지라도 그의 곁에서 예쁘게 자라주기를 마음속으로 빌어 본다. 상처 입은 두 영혼이 찢어진 상처부위를 서로 감싸주는 축복의 시간이 오기를 기원한다. 그 어린 핏줄이 오래오래 그의 따뜻한 손길을 받으며 그림자처럼 그를 따르기를 온 마음으로 빈다.

　어느 날 길을 가다가 문득 여유롭고 인자한 할아버지와 참새처럼 지저귀는 어린 손녀의 정겨운 모습이 내 눈길이 닿는 곳에 있기를 마음속에 그려 본다. 그때는 지금 이 남자의 가슴에 새겨져 있는 상처가 모두 아물고 그 상흔의 자리에서 행복이 샘처럼 솟아나리라.

그 날 이후 3년이 흐른 지금까지 간간히 내 진료실을 찾는 그를 볼 때마다 '어린 손녀는 잘 자라고 있나요?'라고 묻고 싶지만 나는 아직 한 번도 그 말을 꺼내본 적이 없다. 신바람이 나서 몸을 덩실대며 손녀 자랑을 늘어놓을 것도 같은데 행여 그에게서 그 말을 듣지 못하게 될까 내 마음을 다스리고는 한다. 다만 언젠가는 할아버지와 손녀가 그림 같은 모습으로 내 앞에 나타나기를 고대할 뿐이다.

세상의 젊은 남녀들이여! 이해관계를 따지지 말고 새 생명의 씨앗으로 이 땅을 풍성하게 채워주기를 부탁한다. 비록 지금 가진 것이 부족하고 넉넉한 미래를 보장해줄 수 없다 하여 생명의 씨앗 잉태하기를 주저한다면 장차 그대가 이 세상을 떠나는 날 마음속에 찾아올 허무함은 그 무엇으로도 메꾸지 못하리라. 생명은 그 자체로서 소중할 뿐 아니라 이 땅과 그대를 위한 무한한 축복이라는 사실을 기억하여 주길 바란다.

어머니의 생활철학

지난 해 11월 어머니는 103살로 세상을 떠나셨다. 그 시대를 살아온 대부분의 어머니들처럼 나의 어머니 역시 일제치하에서 해방이 된 후 곧바로 6.25전쟁을 겪어야 했으며 그 후 극심한 가난으로 굶주린 배를 움켜쥐고 죽도록 일에 매달려야 했다. 어머니의 말씀처럼 '부루씨(상추씨앗의 사투리) 모로 박을 곳도 없는 집'으로 시집을 온 탓에 육남매를 키우느라 어머니는 하루도 쉴 날이 없었다. 굳은 손이 갈라지고 터져서 피가 흘러도 아픈 줄을 모르고 일을 하셨다. 자식들이 자라서 모두 가정을 꾸리고 삶의 여유가 생긴 뒤에도 쉬지 않고 일을 하셔야만 마음이 편해지는 분이었다. 일을 하지 않으시면 몸도 마음도 더 불편해지는 아주 특별한 체질을 지니신 분 같았다.

어머니는 학교 문턱에도 가보신 적이 없고 한글을 깨우치지도 못하셨지만 언제부턴가 한글을 조금씩 익히시게 되었다. 내 나이 쉰 살쯤 되던 해였다. 어머니는 기구하게 살아온 세월을 글로 적어보고 싶다는 말씀을 하셨다. 하지만 글을 쓴다는 게 쉽지 않으셨던지 글을 남기지 않고 세상을 떠나셨다. 살아오신 날들을 글로 적었더라면 책으로 몇 권은 되었을 텐데….

살아오면서 내 마음속에 박혀 줄곧 나를 깨우치는 어머니의 말씀 두 마디가 있다. 하나는 내가 초등학교 4~5학년쯤에 있었던 일이다.

"소를 굶기려거든 너도 밥 먹지 마라."

당시에 밥이래야 갱죽이거나 국수 아니면 기껏해야 꽁보리밥이었는데 장대비가 쏟아지던 날 서글퍼서 꼴을 뜯으러 가기를 주저하였더니 어머니는 그처럼 매몰차게 말씀하셨다. 꼴망태를 메고 빗속으로 나서지 않을 수 없었다. 두 번째는 끊임없이 몰려오는 일거리 때문에 언짢은 대꾸를 하였더니 "일이 없으면 밥이 입에 들어오나? 나는 일이 없을까봐 무섭지 일 많은 건 하나도 안 무섭다."라며 나무라셨다.

학교에서 돌아오면 숨 돌릴 틈도 없이 곧바로 일에 매달려야 했다. 봄부터 가을까지는 들에서 농사일을 돕거나 소먹이 꼴을 뜯는 것이었는데 단 하루도 쉬는 날이 없었다. 겨울에는 부족한 땔감을 구해오는 것이었는데 추위를 무릅쓰고 이른 아침 뒷산으로 가서 '갈

마음으로 여는 창

비'라 하여 밤새 떨어진 마른 솔잎을 갈퀴로 긁어서 한 망태씩 해다 놓고 학교에 가야만 했다. 방과 후에는 산과 들로 다니며 소나무 관솔이나 삭정이 나뭇가지를 잘라다 나뭇가리를 쌓아놓고는 했다. 양식도 부족하고, 땔감도 부족하고, 모든 것이 부족하던 시절이었다.

　연세가 많아 농사일에서 손을 놓으신 후에도 어머니는 해마다 겨울이 되면 "빨리 봄이 와야 저 밭에 풀을 뽑을 텐데." 하시면서 봄을 기다리셨다. 그런 어머니를 다시는 이 세상에서 뵐 수가 없다. 작년 이맘때에도 새로 돋아나는 풀 뽑을 생각에 들뜬 마음으로 봄을 기다리셨는데 이젠 고향집에 어머니가 계시지 않는다. 어머니는 그처럼 무섭고, 알뜰하고, 철저하신 분이었지만 당신과 가족들의 노력이 깃든 것이 아니면 남의 것은 쌀 한 톨, 콩 한 알도 탐하지 않으셨다. 배운 것은 없지만 어머니의 생활철학은 내가 감히 비교할 바가 되지 못한다. 우리 형제들이 부지런하고 성실하게 지금까지 살아온 것도 일찍부터 어머니의 태도를 배운 탓이라 생각한다.

　나는 일이 무서워서 공부를 하였고, 덕분에 의사가 되었지만 내가 어릴 적 어머니의 눈에는 일하기 싫어하는 내 모습이 탐탁지 않게 보이셨던 모양이다. 몇 해 전 고향집에서 뵈었을 때 "네 생각이 옳았다. 그 때 네가 공부를 한 게 참 잘한 일이다." 그 말씀을 듣고 '일하기 싫어하는 나 때문에 마음고생을 하셨구나!' 하는 생각이 들었다. 나 역시 어머니가 기대하시는 만큼 일을 할 수 없다는 생각으로 마음이 많이 무거웠던 것은 사실이다.

"나는 소 팔자다."라고 당신 입으로 곧잘 말씀하셨는데 어느새 나도 어머니처럼 '소 팔자'가 되었다는 것을 알게 된다. 내게 이런 마음을 심어주신 어머니가 고맙고 어머니의 품성이 내 몸속에 남겨졌다는 사실로 위안을 받는다. 어머니께서 몸소 실천하시고 나를 깨우치신 그 두 마디 말씀이 내게는 이 세상 어떤 가르침보다도 귀한 명언이라 생각된다.

이발과 도깨비방망이

나이가 들어도 머리카락 자라는 속도는 줄어들지 않는 것 같다. 이발한지 얼마 되지 않았는데 벌써 덥수룩해진 머리를 손질하기 위해 헤어숍을 다녀왔다.

2년 전 다니던 이발소가 문을 닫는 바람에 새로운 이발소를 찾아야 했다. 주위에 화려하게 단장한 헤어숍은 많았으나 이발소는 보이지 않아 난감하던 차에 경남공고 정문 앞에 수수하면서도 깔끔해 보이는 헤어숍이 눈에 들어왔다. 백발을 하고 들어서기가 민망하여 잠시 망설이다가 남학생들이 드나드는 곳일 수도 있겠다는 생각이 들어 문을 열었더니 여성고객들이 대부분이라 당황하지 않을 수 없었다. 다행히 미용사 아가씨가 이발소에서 깎던 머리와 비슷하게 다듬어준 덕분에 들어설 때와 달리 개운한 마음으로 문을 나올 수 있었다. 그렇게 시작된 헤어숍 출입이 어느새 두 해를 넘겼다.

　어릴 때 우리 형제들의 머리를 깎는 일은 모두 아버지의 몫이었다. 열 살 위인 형의 머리를 깎는 모습은 보지 못했으나 두 동생과 나의 머리는 언제나 아버지께서 가위로 깎아주셨다. 하지만 모든 시골아이들이 박박 깎은 까까머리를 하고 다니던 때라 가위로 머리를 깎는다는 게 쉬운 일이 아니었다. 잘려 나오는 머리카락을 뒤집어 쓴 채 긴 시간을 버티는 것도 괴로웠지만 그보다는 낡은 양철가위가 걸핏하면 머리카락을 뽑는 것이 더 문제였다. 비명을 지르고 눈물을 쏟는 일이 다반사였다. 몇 번만 가위를 대도 깔끔하게 정돈되는 큰누나와 작은누나의 단발머리가 무척이나 부러웠다. 아버지는 머리를 깎다가 잠시 가위질을 멈추고 숨을 고르실 때면 과일껍질처럼 벗겨져가는 내 머리를 담벼락에 매달아 둔 깨진 거울조각에 비춰 보여주시고는 했다. 깎고 나면 어느새 더벅머리가 되어버리는 자식들의 모습을 지켜보는 아버지의 마음도 참 무거우셨을 것이란 생각이 지금에야 든다.

　그렇게 머리를 깎고 밖으로 나오면 '소 뜯어먹은 머리' 나왔다며 놀려대는 친구들의 말에 마음이 상해 집으로 되돌아와 거울을 들여다보면 톱날같이 들쑥날쑥한 가위자국이 '소 뜯어먹은 머리'처럼 보이는 것도 사실이었다. 가위자국이 가려질 만큼 머리카락이 자라야만 친구들의 놀림에서 벗어날 수 있었다.

　그 당시 친구들은 모두 건너 마을의 무허가 이발소에서 바리캉으로 머리를 깎았기 때문에 언제나 반들반들한 모습을 하고 다녔다. 그래서 나도 친구들처럼 이발소에서 머리를 깎게 해달라고 부모님을 졸랐지만 들은 척도 않으셨다. 결국 초등학교에 들어갈 때까지 '소 뜯어먹은 머리' 신세는 면할 수가 없었다.

　초등학교 입학을 앞두고 처음으로 건넛마을 이발소에서 머리를 깎고 나서 머리를 만져보니 기름을 바른 것처럼 매끄러웠다. 친구들의 놀림을 받지 않아도 된다는 생각에 하늘을 날 것 같았다. 그 후로는 줄곧 이발소를 이용했기 때문에 가위로 머리 깎던 기억은 모두 잊게 되었다. 그런데 이발에 대해 안 좋은 기억을 다시 떠올려야 하는 일이 생겼다.

　각 학년마다 반이 하나뿐인 시골초등학교의 제일 큰 행사는 단연 가을운동회였다. 학생들이 행사의 주인공이었지만 그날은 인근 마을의 학부모와 가족들도 점심 보퉁이를 싸들고 학교에 나와서 자녀들을 응원하며 함께 즐기는 날이었다. 오전에는 학생들 모두가 참여하는 개인경기가 열렸고, 가족들과 함께 푸짐한 점심식사를 마치고 나면 오후에는 청군백군으로 나뉘어서 하는 단체경기가 열렸다. 학생들 중심의 행사가 마무리 될 즈음이면 부락 대항 달리기 시합과 성인 마라톤 경기도 열렸기 때문에 시골에서 초등학교 가을운동회

보다 더 큰 행사는 없었다. 워낙 큰 행사이다 보니 운동회가 열리기 두어 달 전부터 학생들은 오후에 시간을 내어 미리 연습을 해야만 했다.

행사 내용은 다양했는데 재건체조와 맨손달리기는 기본이었고, 달리다가 편지를 주워서 읽고 지시대로 누군가를 찾아서 함께 손을 잡고 결승점으로 들어오는 편지 줍기, 두 사람이 한발씩 묶어서 달리는 이인삼각경기, 청군백군으로 나눠서 하는 이어달리기와 기마전, 보물상자 터뜨리기는 운동회 행사의 단골 메뉴였다.

그런데 내가 4학년이 되던 해, 도시에서 오신 선생님 한분이 이전에는 볼 수 없었던 몇 가지 새로운 시도를 하여 학교분위기를 엄청 바꿔놓으셨는데 가을운동회에 4, 5, 6학년 남학생들이 참여하는 곤봉체조도 그 중의 하나였다.

그래서 모든 학생이 곤봉 한 쌍을 구입해야만 했다. 어려울 거라는 생각은 들었지만 부모님께 말씀드리지 않을 수 없었다. 역시 곤봉을 사는 대신 아버지께서 만들어주시겠다는 답을 들어야 했다. 내가 반장이라 꼭 사야한다고 거듭 졸랐으나 소용이 없었다. 어쩔 수 없이 친구의 곤봉을 빌려다가 아버지께 보여드렸더니 톱으로 나무를 자른 다음 자귀로 깎아내고 낫으로 다듬어서 곤봉 비슷하게 만들어 주셨다. 흠집 하나 없이 매끈한 친구들의 곤봉과는 너무 달라 내 마음은 무너지는 것 같았다.

운동회 연습이 끝나고 집으로 돌아오면 틈틈이 모난 부분을 깎아 내고 벽에도 문질러 보았지만 아무리 다듬어도 우둘투둘한 모양은 그대로였다. 친구들은 내 곤봉을 서로 돌려보면서 돈을 주고 산 것처럼 잘 만들었다며 감탄을 하였으나 내 눈에는 도깨비방망이처럼 보일 뿐이었다. 결국 내 곤봉은 '소 뜯어먹은 머리'를 한 채 운동회를 치러야 했다.

꼴도 보기 싫은 '도깨비방망이'를 운동회만 끝나면 아주 부숴버리겠다고 단단히 벼르고 있었는데 이듬해 다시 사용하기 위해 잘 보관하라는 선생님의 말씀에 가슴을 찌르던 절망감은 뭐라 말할 수가 없다. 그 곤봉은 이듬해에도, 그 이듬해에도 나를 부끄럽게 했다.

어렵게 자란 우리 세대에 비해 넘치도록 풍족하게 자라는 요즘 아이들이 더 행복하다고 말할 수 있을까? 선뜻 동의가 되지 않는다. 어릴 적엔 마음을 아프게 했던 일들이 지금은 오히려 그리움으로 다가오는 것을 보면서 추억은 소중한 보물과 같다는 생각을 한다. 상처를 아물게 하고 보석처럼 다듬는 재주를 지닌 것이 세월인가 보다. 그 시절이 그립고 아버지가 보고 싶다.

작은 거인

초등학교 때부터 가끔 한 번씩 들르던 환자가 있었다. 다른 아이들에 비해서 많이 여위고 체구도 작은 편인 그가 나의 진찰실을 찾을 때는 그의 몸 어딘가에 누군가에게 시달린 흔적들을 갖고 있었다. 안타까운 마음이 들어 몇 마디 물어도 다소곳이 고개를 숙인 채 아무런 대답을 하지 않고 약만 처방받아 가던 아이였다.

어느 해인가 여름휴가 중에 전에 내가 살던 아파트의 엘리베이터 안에서 중학생이 된 그를 본 적이 있다. 누구에게 또 시달렸는지 그의 양쪽 볼에는 붉은 색과 검은 색 싸인 펜으로 줄이 죽죽 그어져 있었고 울긋불긋하게 글씨도 씌어져 있었다. 배달할 석간신문을 한 아름 안고 고개를 푹 숙이고 있는 그를 아는 체 하기가 미안하여 앞만 바라보고 있다가 엘리베이터에서 내리고 말았다.

그러던 그가 이제 스무 살 청년이 되어 나의 진찰실을 다시 찾았다. 몇 년 사이에 어릴 때와는 많이 달라졌다는 느낌이 들었다. 그런데 진찰 중에 그의 오른손 4,5번째 손가락이 2마디씩 잘려나간 것을 보게 되었다. 어쩌다가 그리 되었느냐고 물으니 직장에서 프레스 작업 중에 손가락을 잃고 직장도 그만두게 되었다고 했다. 성인이 되어서도 그의 세상살이가 쉽지 않은 것 같아 안쓰러웠다. 그래서 앞으로 어떻게 할 것이냐고 다시 물었더니 "이제부터 컴퓨터를 배워서 뭔가 해 볼 생각입니다." 아주 자신감 넘치는 대답이 돌아왔다. 동정심으로 마음을 졸이고 있던 나는 전혀 예상치 못한 그의 대답에 깜짝 놀라고 말았다. '이 사람이 정말로 옛날에 내가 알던 바로 그 학생인가?' 하는 생각이 들었다.

이전까지 내가 보아왔던 모습과는 너무나 다른 모습이었다. 겉으로 보기에는 별로 달라진 것이 없고, 오히려 더 큰 불행을 느껴야 할 처지였지만 그의 표정 어디에도 그림자라고는 보이지 않았다. 수많은 시달림과 이지메를 당하면서 살아왔지만 그는 스스로 자신을 패배자로 인정하지 않고 살아왔다는 것을 알 수 있었다. 지난날의 모습만을 기억하며 그를 대하고 있던 나는 너무나 당당해진 그의 태도에 갑자기 부끄러운 생각이 들었다. 체격은 여전히 작은 편이었지만 그는 작은 거인이었다.

'그래 무슨 일이든지 그런 각오로만 한다면 너는 충분히 잘 해낼 수 있을 거야.'

그 말은 겨우 내 입에서 맴도는 혼잣소리처럼 되고 말았다. 그는 이제 어떤 위로의 말도 필요 없을 만큼 성숙한 사람이 되어 있었다. 진찰실 문을 나서는 그의 뒷모습을 보면서 내 자신이 도리어 커다란 위로를 받고 있다는 사실을 깨달았다.

30대 중반이 되어있을 그가 지금은 어떤 모습을 하고 있을까? 어릴 때 겪었던 인생의 쓴맛이 그를 더욱 견고하게 달구어 당당한 사회인으로 어디선가 바쁘게 살아가고 있을 것이라 믿는다. 그의 모습을 다시 한 번 보고 싶다.

좋은 친구를 갖고 싶다

　내 남은 날 동안 마음을 트고 우정을 나눌 수 있는 친구가 생겼으면 좋겠다. 서로 뜻이 맞는 친구를 얻어 인생에 대한 얘기를 나누면서 살아가고 싶다. 내게 그런 날이 온다면 저물어가는 내 인생도 5월의 장미처럼 활짝 피어날 것 같다.
　내게도 청춘의 날들이 있었고 청운의 꿈을 품던 때가 있었다. 그 시절에 마음을 나눌 좋은 친구를 사귀지 않았던 것에 대해 지금 나는 많은 아쉬움을 느낀다. 가장 순수했던 시절, 풀꽃 같이 여린 마음으로 세상을 바라보았고 조그마한 일에도 진한 감동으로 가슴 벅차던 시절이 있었다. 떠가는 흰 구름을 보며 눈물지었고, 솔가지 사이로 불어오는 바람소리와 작은 개울물 소리에도 마음이 맑아지던 시절이었다. 눈처럼 하얀 마음으로 가슴 적시는 시를 읽었고 또 그런 시를 쓰고 싶었던 순수의 시절이었다. 우정을 논하고 인생을 이야기할 친구를 사귀기에는 더 없이 좋았던 시절이었다. 다만 가난으로 둘러싸였고 낭만을 원하였으나 낭만에 빠지기에는 삶이 팍팍했었다. 그래도 두엇쯤 마음을 나눌 친구를 사귀지 않았던 것은 내 일생의 패착이었고 그것이 후회로 남아 지금 내 마음을 할퀴고 있다.

청춘의 날들을 바람처럼 날려 보내고 그 후 십여 년을 달팽이처럼 가녀린 껍질 속에 초라한 마음을 숨기면서 살아온 날들이었다. 다시 삼십 년이 넘는 세월을 사람들을 만나고 헤어짐이 반복되었으나 우정을 나눌 진정한 친구를 사귀지는 못하였다. 바쁜 생활에 쫓겨 인생의 깊이를 들여다볼 여유를 갖지 못하였다. 좋은 친구를 사귈 기회가 두어 번 있었으나 그들은 돌아올 수 없는 먼 길을 떠나버렸고 남은 나는 먼저 간 친구를 그리며 가슴이 젖는다.

삶이 저물어가는 지금에야 지난날을 돌아보며 '가장 풍요로운 인생은 어떤 것일까?' 스스로 질문을 던져본다. 두 개의 축을 중심으로 돌아가는 삶이 가장 바람직한 인생살이가 될 것이라는 결론을 내리게 된다. 가족을 중심으로 돌아가는 하나의 축과 좋은 친구들과 함께 하는 또 하나의 축이 머릿속에 그려진다. 가족이라는 울타리 안에서 삶을 공유하며 살아가는 것을 '일상의 축복'이라 한다면 좋은 친구와 교제하며 삶의 여백을 메워가는 것을 '여분의 축복'이라 부르고 싶다. 이 두 가지 축복을 누리는 것보다 더 큰 기쁨은 없을 것 같다. 지금까지 나는 '일상의 축복'은 누려왔으나 '여분의 축복'에는 인연이 닿지 못하였다. 이대로 세월이 흐른다면 아쉬움 속에 내 인생을 마치게 될까 안타까운 마음이 든다.

하지만 수십 년을 외톨이처럼 살아오다가 이제 와서 친구를 만든다는 게 쉬운 일은 아니다. 지나온 날들을 돌아보며 삶을 마무리해야 할 마당에 친구를 내 인생에 끌어들이는 것 같아 마음을 내는 것부터 쉽지가 않다. 그래도 부담 없이 인생을 이야기 하고 마음을 쏟아놓을 친구를 사귈 수만 있다면 더 이상 미룰 수는 없다.

아직은 바쁜 생활에 매인 몸이라 수시로 얼굴을 대하고 함께 여행이라도 떠날 만큼 여유를 가질 수는 없다. 그래도 가끔 한 번씩 만나 속마음을 털어놓을 수 있는 친구, 멀리 있어도 마음을 전할 수 있는 친구, 인생의 깊이를 논할 수 있는 친구를 얻고 싶다. 많은 말을 하지 않아도 마음이 통하는 그런 친구와 더불어 인생의 남은 날들을 보내고 싶다.

다행히 닫혀있던 내 마음의 문이 조금씩 열리고 좋은 친구들의 모습이 눈앞에 그려지는 것을 보면서 그들을 맞을 준비로 지금 나는 기대에 부풀어 있다. 이제 가슴을 활짝 열고 그들을 받아들이려 한다.

'친구여! 나의 친구 요청서를 자네에게 보내려 하네. 자네와 친구가 되어 우리 인생이 끝나는 날까지 우정의 백년해로를 하고 싶다네.'

통증과 싸우는 밤

참 많이 아프다!

어제 저녁 9시 반쯤 잠이 들었다. 평소 같으면 자정을 넘기는 게 예사인데 계속되는 왼쪽 귀밑 볼의 통증과 씨름하다가 잠속으로 빠져든 것이다. 잠을 자는 중에도 통증은 계속되는 느낌이었지만 눈이 떨어지지 않았다. 새벽녘에야 잠에서 깼으나 몸은 피로하고 귀밑의 통증도 여전하다. 마음 같아서는 확 째고 속을 들여다보고 싶다. 샘플로 받아두었던 약을 몇 번 먹다가 이비인후과에서 항생제를 새로 처방받았지만 너무 늦은지도 모르겠다. 이미 곪았다면 찢어야 할 테고 그것만으로도 통증은 훨씬 좋아질 것 같은데 입원하여 수술 받을 시간이 없다. 종일 환자들을 봐야 할 처지라 진료실을 떠날 수가 없다. 의사가 되어서 나 자신이 치료받을 수가 없다니 아이러니다.

나는 왜 남들보다 번갈아가며 더 자주 병을 앓는 걸까? 25년 전 대장천공으로 수술을 받아야 했고, 덤으로 B형간염까지 걸려서 앓다보니 죽었다는 소문이 돌기도 했다. 3년 전엔 생각지도 못한 담석증으로 고통을 받아야 했다. 아직 담낭 안에 큰 돌 두개가 들어있다. 담낭관에 박혀 있던 7미리짜리 돌은 빠져나갔는지 보이지 않는다. 두껍던 담낭벽도 상당히 얇아졌다. 언제 증상이 재발할지 알 수는 없지만 그나마 다행이다. 그런데 이젠 또 침샘의 염증(이하 선염)으로 고통을 받는다. 스스로 강한 체질이라 여겼는데 나도 모르게 약한 구석이 자꾸만 생긴다. 물론 내가 기억하지 못하지만 아주 어릴 적엔 죽을 고비를 몇 차례 넘겼다고 한다. 늦게 초등학교에 입학을 했지만 울면서 고갯길을 넘은 기억도 있다.

그 후론 자라면서 몸이 단단해지고 자부심을 가질 만큼 건강하다 여겼는데 막상 병으로부터는 자유롭지가 못하다. 4년째 매일 22킬로미터에 해당하는 거리의 실내자전거를 타서 500칼로리를 소모하면서 땀을 쏟고 있다. 그래서 남들보다 체력이 뛰어난 줄 알았는데 실상은 그렇지가 않다. 살다 보면 어디가 또 아프게 될지 알 수 없다. 하지만 수많은 장기 중에 어느 하나가 고장이 난다 하여 특별히 이상할 것은 없다. 나이가 있지 않은가. 어쩌면 이제부터 더 자주 병을 앓을 수도 있다. 그래도 많이 아프지는 않았으면 좋겠다. 아픈 것은 정말 싫다.

몸이 쑤시는데 장사가 어디 있으랴. 소위 마음훈련(mind control)으로 해결하려고 시도를 해보지만 전혀 도움이 되지 않는다. 왼쪽 귀밑 아픈 부위를 내 몸에서 분리해서 생각할 수가 없다. 그곳을 봉쇄하고 다른 건강한 곳으로 마음을 돌려보려 하지만 그 부위를 마음 바깥으로 몰아낼 수가 없다. 깊숙이 파고드는 통증이 내 마음속에 들어앉아 내 몸 전부를 장악해버린 것 같다. 통증과 맞선다는 게 쉽지가 않고 다른 일에 정신을 집중하는 것도 불가능하다. 정신적으로 많이 약한 탓인지도 모르겠다. 마음까지 황폐해지지 않았으면 좋겠다.

9년 전 어린이날이었다. 오전 진료를 마치고 진찰실에 남아서 밀린 일들을 정리하던 중에 며칠 전부터 말썽을 부리던 치통이 갑자기 악화된 적이 있다. 진통제를 먹어도, 주사를 맞아도 소용이 없었다. '나는 참을 수 있다. 이 정도 통증은 내가 이겨낼 수 있다' 하고 계속 주문을 외웠지만 통증은 심해지기만 했다. 도저히 견딜 수가 없어 오후 늦게 치과의사인 고등학교 후배에게 전화를 하였더니 치통을 참는 것은 불가능한 일이라며 빨리 오라고 했다. 결국은 집에서 쉬고 있던 후배가 한참이나 떨어진 그의 병원으로 나와서 신경치료를 해준 덕분에 그날 밤을 무사히 보낼 수 있었다. 얼굴에 오는 3차 신경통이 얼마나 고통스러운지는 환자들을 보면서 짐작은 하였으나 내 자신이 직접 겪어보고 나서야 알게 되었다. 치통이라면 지금도 지긋지긋한 생각이 든다.

　치통과 관련해서 60년도 더 지났지만 생생하게 기억나는 일이 하나 있다. 어느 날 저녁 아버지께서 놋젓가락을 화롯불에 달궈서 볼을 움켜쥐고 앓고 계시던 어머니 입안에 넣으셨다. '지직'하면서 뭔가 타는 냄새가 나고 어머니는 신음소리를 내셨지만 아버지는 그 일을 몇 번 더 하신 다음에야 그만 두셨다. 어머니는 만족해하시는 것 같았고 고통스럽던 표정도 밝아지셨다. 병원이라곤 없던 외딴 시골에서 치통을 해결하는 유일한 방법이었던 것 같다.

　치통을 앓던 그때만큼은 아니지만 비슷한 통증이 계속 몰려오고 있다. 아직 날이 밝으려면 한참은 기다려야하는데 불을 밝히고 책을 펴서 읽어도 나의 감각은 오로지 아픈 곳으로만 몰린다. 통증과 힘든 싸움을 벌이고 있지만 승산이 없다. 통증을 능가할 만큼 내가 온전히 빠져들 수 있는 뭔가가 있었으면 좋겠다. 가능할 것 같으면서도 통증에 사로잡힌 내 마음은 헤어나지를 못한다. 아직 그런 경지에는 이르지 못한 탓인가 보다. 좀 더 강해지고 싶다. 이 정도의 통증은 아무것도 아니라는 사실을 내 몸과 마음이 기억해줬으면 좋겠다.

잡초 같은 인생

산과 들에서 아무렇게나 자라는 풀을 우리는 잡초라 한다. 또 논과 밭의 곡식들 사이에서 끈질기게 자라나는 풀들도 잡초라 한다. 누군가 심지 않아도 스스로 씨앗을 떨구어 싹이 트고 가꾸지 않아도 질긴 생명력으로 살아가는 풀들은 모두 잡초이다. 인간의 관점에서 본다면 우리의 생명이나 건강유지에 직접적인 유익을 가져다주지 못하는 풀들을 통틀어 잡초라 부른다. 그러나 자연의 관점에서 본다면 비록 잡초라 할지라도 그 존재로서의 가치를 지워버릴 수는 없다. 인간에게는 성가시고 무가치해 보이는 존재일지라도 자연으로서는 반드시 그 자리를 지켜야 할 소중한 존재가 될 수도 있다. 그것이 조화이고 섭리이며 자연이 지속적으로 생명을 꾸려갈 수 있는 비결이다.

　때로는 잡초라는 이유로 천대만 받던 풀포기가 어느 날 갑자기 크게 쓰임새 있는 존재로 탈바꿈하는 수도 있다. 미운 오리새끼가 백조로 거듭나는 순간이다. 한낱 잡초라고 업신여기던 인간의 관점이 한순간에 바뀌게 된다. 이용가치만 따져온 인간의 속성 때문에 일어나는 일이다. 영악한 인간의 본성이라면 지나친 표현일까? 그러나 그 가치를 떠나서 잡초에게는 변하지 않는 자신만의 속성이 있다. 열악한 환경 속에서도 끈질기게 살아남는 생명력이야말로 잡초가 가진 속성이라 할 수 있다. 그러다가 어느 순간 숨겨져 있던 가치를 인정받고 고귀한 존재로 등장하는 것을 보면 아이러니가 아닐 수 없다.

　나는 내가 한 포기의 잡초라는 생각이 들 때가 많았다. 아니, 질경이와 같은 끈질긴 생명력을 가진 풀들을 보면서 나는 스스로 잡초이고 싶었다. 화려하지는 않아도 때가 되면 꽃을 피우고 열매를 맺는 잡초의 삶을 본받고 싶었다. 곡식이나 화초처럼 열매와 꽃으로만 그 가치와 의미를 부여받는 존재로 살기 보다는 계절의 흐름 따라 있는 듯, 없는 듯 자연에 묻혀 살아가고 싶었다. 잘난 체 하지 말고, 실망하지도 말고, 남의 눈길을 의식하지도 말고 그냥 편안하게 나대로의 삶을 살아가고 싶었다. 그러면서 자연의 일부이고 싶었다.

　요즘은 죽음에 대한 생각을 할 때가 많다. 누군가의 죽음이 사람들의 입에 오르내릴 때는 더욱 그러하다. 아마도 나이 탓이리라. 이 땅에 태어나서 살다가 명이 다해 자연으로 돌아가는 삶이 가장 평안하고 순리적인 죽음이라 할 수 있다. 이와 달리 타의에 의해 강제로 목숨을 잃는 것이 가장 고통스럽고 불행한 죽음임은 말할 필요도 없다. 본인의 고통은 물론이거니와 주위 사람들 모두를 고통 속으로 몰아넣게 된다. 결코 있어서는 안 될 죽음이라 할 수 있다. 그런데 자의에 의해 스스로 목숨을 끊는 또 다른 형태의 죽음도 있다. 스스로 삶을 마치는 것도 바람직한 죽음이라 할 수는 없다. 어떤 예는 최상의 죽음이 될 수 있지만 전혀 그렇지 못한 수도 있기 때문이다. 대의를 위해 선택하는 희생적인 죽음이라면 고귀한 죽음으로 만인의 존중을 받을 수 있다. 다른 사람을 구하기 위해 순간적으로 선택하는 자기희생의 죽음은 의로운 죽음일 뿐 아니라 많은 사람들에게 감동을 남기기도 한다. 참을 수 없는 질병의 고통에서 벗어나기 위해 선택하는 죽음이라면 당사자가 취할 수 있는 최선의 수단이라 볼 수 있고 동정 받을 여지도 있다. 그러나 수치와 자존심을 지키기 위해 죽음의 길로 뛰어든 것이라면 흠모의 대상으로 보기는 곤란하다. 어쩌면 불명예의 막다른 골목에서 선택한 도피수단으로서의 죽음이기 때문이다.

　최근 수년 사이에 사회적으로 유명 인사들이 자살로 생을 마감하였다는 소식을 듣는 일이 많아졌다. 그 중에서도 역경을 이겨내고 성공한 삶으로 우뚝 섰던 사람이 그처럼 생을 마친 것에 대해서는 너무나 의외라는 생각이 들었다. 인생을 잡초처럼 살아온 그들은 누구보다도 끈질긴 생명력을 지녔을 줄 알았었다. 잠시 넘어질지라도 오뚝이처럼 다시 일어설 것이라 믿었었다. 그런데 그들 스스로 목숨을 끊어버린 것이다. 참으로 허무한 일이었고 나 자신마저 허탈감에 빠져드는 느낌이었다. 나 또한 잡초처럼 인생을 살아왔고 잡초처럼 끈질긴 생명력으로 살아가리라 다짐했었다. 나는 비록 평범하게 살아가는 존재에 불과하지만 잡초와 같은 근성만은 그들과 나의 공통점이라 생각했다. 그런데 그들의 죽음을 보는 순간 나 역시 그들처럼 쉽게 무너질 수 있다는 두려움이 내 마음을 사로잡았는지도 모른다.

어쩌면 죽음 뒤에 돌아오는 명예라는 것이 있기는 하지만 죽음과 직면하는 순간 그들은 다가올 명예에 대한 기대로 위로를 받았을까? 한없는 후회와 허무, 절망감 혹은 배신감으로 가슴을 찌르는 고통 속에 생을 마감하였으리라. 한줌의 희망이란 것도 품지 못하여서 선택한 길이었을 테니까….

기회는 살아있는 자에게 주어지는 은총이다. 지금은 사방이 벗어날 수 없는 벽으로 둘러진 것 같아도 살아있기만 하다면 반성과 속죄의 기회뿐 아니라 고통과 오해에서 벗어나는 날도 올 수 있기 때문이다. 희망이란 살아있는 자만이 누릴 수 있는 축복이다. 아무리

마음으로 여는 창

절박하고 아득한 절망의 언덕위에 놓여있다 할지라도 저 멀리 반짝이는 한 줄기 빛을 바라볼 수 있다면 그의 삶은 희망이라는 새로운 모습으로 다가올 것이기 때문이다.

  잡초처럼 언제까지라도 산야에만 있었더라면 좋았을 사람들이 화려하게 꾸며진 화단 위에 그 뿌리를 내렸다가 예기치 못하게 생을 접어야 했음을 안타깝게 생각한다. 이름 없는 산야에서 때가 되면 꽃을 피우고 열매를 맺는 존재로 살아가고 싶은 나의 소망이 내 마지막 날까지 이어질 수 있기를 희망한다.

날마다 후회하며

오늘도 나는 뭔가 후회할 일을 만들어 놓고 하루를 접는다. 후회 없이 하루를 끝내는 일은 거의 없다. 큰 후회 작은 후회, 어느 것도 돌이키기에는 이미 너무 늦어버린 것들이다. 같은 잘못을 다시는 저지르지 않겠다고 수없이 다짐을 하면서도 지나고 보면 언제나 후회할 일이 일어났었다는 사실을 깨닫게 된다.

내가 자주 후회하게 되는 대표적인 유형을 살펴보면 이런 것들이 있다. 나의 가장 큰 후회 거리는 타인의 마음을 아프게 함으로 내 마음에 상처를 주는 것이요, 두 번째 후회 거리는 마음이 미혹되어 나 자신을 지키지 못하는 것이며, 세 번째는 나태하여 시간을 허비하는 것이며, 네 번째는 입이 가벼워 속에 든 것보다 많은 것을 쏟아놓는 것이며, 그 다음은 과격하여 작은 일에 크게 대응하는 것이다.

 그 외에도 끝없이 많은 후회할 거리를 만들면서 살아가고 있지만 위에 든 몇 가지는 반복하여 저지름으로 인해 내 마음에 자주 고통을 안겨주는 것들이다.

 같은 잘못을 다시 저지르지 않는다는 것은 정말 어려운 일이다. 어쩌면 아주 불가능한 일인지도 모른다. 그러나 이미 범해버린 잘못 때문에 실망과 좌절에만 잠겨 있을 수는 없다. 더 이상 제자리걸음만 하면서 보내기에는 내게 주어진 삶이 너무 소중하기 때문이다.

 후회할 거리가 생길 때마다 머물러 있는 그 순간, 그 자리를 새로운 출발점으로 생각하여 새로운 목표를 향해 앞으로 나아가야 한다. 돌아올 수 없는 지나간 시간들에 얽매여 헤어나지 못하는 어리석은 태도를 버려야 한다. 언제나 새로운 최선의 기회를 만들기 위해 노력할 때 낡은 탈을 벗고 새로운 사람이 될 수 있다.

 매일매일 후회하는 일들을 통해서 자신의 새로운 변화를 추구해 가는 것이 내게 주어진 운명이라 믿는다.

 후회하며 살아가는 것이 꼭 나쁘지만은 않은 것 같다. 20여 년 전 나는 자신에 대해 다소 비관적이고 절망적인 기분을 맛보면서 이 글의 앞부분을 썼던 것으로 기억한다. 어쩌면 평생을 후회 속에 살다가 생을 마치게 될지도 모른다는 생각이 들었었다. 위의 어느 하나도 내게서 떨쳐버린다는 게 쉽지 않을 것 같았기 때문이다. 그런데 그처럼 후회하며 살아오는 동안 나는 조금씩 변하여 왔고 이제는 나 자신이 그와 같은 후회거리에서 상당히 벗어나 있다는 사실을 깨닫게 된다. 세월이 나를 그렇게 변화시킨 것인지, 나의 의지와 노력이 나를 그렇게 만든 것인지는 정확히 알 수 없다. 20년이 흐르면서 기울인 나의 노력에 대한 보답일 수도 있고 열매가 익듯이 그 세월 동안 내게 일어난 자연스러운 현상일 수도 있다. 덕분에 지금은 딱히 마음에 상처받을 일이 없다. 가끔 후회하는 날들이 있기는 해도 금방 깨우치고 돌이키는 '회복탄력성'이 내게 심어져 있기 때문이다.

다른 사람의 마음을 아프게 하는 말과 행동에서 많이 멀어진 덕분에 내 마음을 아프게 하는 일은 거의 없다. 사소한 것에 마음을 빼앗겨 판단을 그르치거나 마음 흔들리는 일도 없다. 땀 흘려 얻은 것이 아니면 내 것이 아니라 생각하고 분수에 맞게 살아가는 것으로 만족한다.

이제 살아갈 날이 많이 남지 않았는데 한순간도 허투루 보낼 수는 없다. 모든 순간이 소중하고 최선을 다하는 마음으로 살아가고 있다. 다만 매인 일들을 모두 처리할 만큼 여유를 얻지 못해 다소 아쉽고 무거운 마음이 되는 수가 있다. 훌훌 털어버리고 홀가분하게 가고 싶지만 세상일이 그런 것만은 아니다. 그리고 내 속에 든 것보다 많은 것을 쏟아내지 않고도 내 자신의 뜻을 드러낼 수 있게 된 것은 세월이 내게 입혀준 인생의 색깔이 아닌가 싶다. 구태여 길게 말하지 않아도, 잠시 몇 마디로 내 마음을 쉽게 전달할 수 있게 된 것은 살아온 세월의 축복이라 생각된다. 마지막으로 작은 일에 크게 대응하는 문제는 아직 변화되어야 할 점이라 생각한다. 어쩌면 나이가 들수록 통제하기 어려워질 수도 있다는 생각이 든다. 단순해지는 감정 때문이다. 쉽게 화내는 태도는 노인들에게서 흔히 볼 수 있는 일이다. 스스로 주의하고 마음에 두지 않으면 벗어나기 어려운 숙제가 될 것 같다.

원망을 할 것인가

살다 보면 어떤 일로 좌절감에 빠져서 누군가를 원망하게 되는 수가 있다. 그러나 이럴 때에 다른 사람을 원망하는 것은 바람직한 태도라 할 수 없다. 남을 원망하기보다는 차라리 적당한 핑계를 대는 편이 낫다. 때로는 원망이 미움보다 못할 수도 있다. 원망이나 미움, 어느 것도 좋은 것은 아니지만 그 중에서 원망은 자기 자신을 상하게 할 수 있기 때문이다. 원망은 살아가는 데 전혀 도움이 되지 못할 뿐 아니라 삶의 추진력과 에너지를 고갈시키는 원인이 되기도 한다. 원망은 안으로 자신을 침몰시키는 병이라 할 수 있다.

'원망은 분에 못 이겨 죽게 하는 화근'이라는 노신(魯迅)의 말처럼 원망이 지나치면 죽음을 가져올 수 있다. 원망을 하다 보면 분을 이기지 못해 스스로 죽음을 선택하거나 쌓인 원망이 원한으로 바뀌어

남을 상하게 할 수 있기 때문이다. 원망은 삶의 의욕을 떨어뜨림으로 자신을 시들게 할 뿐 아니라 지나치면 죽음을 초래하게 되는 것이다. 그뿐 아니라 미움과 증오도 알고 보면 그 시작은 원망에서 비롯된 것임을 알 수 있다.

어떤 일도 원망으로 해결할 수 있는 것은 없다. 자신에게 일어난 일에 대하여 누구를 원망한다고 해결되지는 않는다. 그것은 이미 현실이고 운명이며 숙명일지도 모른다. 스스로 그 문제를 헤쳐 나가든지 아니면 자신에게 주어진 몫으로 받아들여야 한다. 지나친 오해나 억울한 일을 당할 경우 그 잘못을 인정하지 않는 상대를 향해 원망을 쌓는다면 오히려 자신의 마음만 상하게 할 뿐이다.

쑥스럽지만 내 자신의 장점을 하나 말한다면 어릴 때는 나 역시 주위 사람들을 원망하는 일이 많았으나 커서는 어느 누구도 원망해 본 적이 없다. 지금 이 나이에 누구를 원망한다면 지나친 사치가 되겠지만 삶이 평탄치 못하던 날에도 철이 든 후로는 어떤 일로 누구를 원망하며 보낸 적은 없었다. 설혹 어려움이 생겨도 다른 사람을 원망하며 시간을 허비하기보다는 문제 해결을 위해 온 마음을 쏟는 것이 훨씬 도움이 된다는 사실을 알고 있었다. 언제부터인지 세상살이에 원망으로 해결될 수 있는 문제는 하나도 없다는 사실을 깨달았던 것 같다. 감당키 어려운 일이 내게 일어날까 봐 두려운 것이 사실이지만 그로 인해 원망하거나 비관하면서 좌절감 속에서 보낸 날들은 한 번도 없었다.

　원망 없이 세상을 산다는 것은 어려운 일이지만 원망을 품고 살아가는 것은 그보다 훨씬 더 고통스러운 일이라 생각한다. 마음속에 일어나는 원망을 털어버리는 것은 나 자신을 위하는 일이다. 원망을 품지 않고 세상을 살아간다면 시련 앞에서 더욱 강해질 뿐 아니라 활기차고 의욕적인 삶을 보낼 수 있다. 소위 무한긍정의 마음으로 세상을 사는 것이다.

　모든 문제는 내 안에 있다. 외부로부터 내게 닥치는 것들은 문제라기보다는 당연히 일어날 일들이 일어난 것에 불과하다. 내가 바란다고 사라지는 것이 아니고, 내가 두려워한다고 피할 수 있는 것도 아니다. 내게 닥치는 일들을 어떻게 맞아들이고 어떻게 대처하느냐가 문제이다. 질병도 죽음도 그 외 이 세상 모든 일들도 내가 원하지 않지만 다가오게 되어 있다. 이런 것들은 숙명이지 풀어야 할 문제가 아니다.

　아침에 해가 뜨고 저녁에 해가 지는 것을 문제로 여기지 않듯이 세상으로부터 닥치는 일들을 마주하며 살아가야 한다. 내가 세상에 존재하는 한 그에 합당한 일은 언제나 일어나게 되어 있다. 그것을 두려워하지 말아야 한다. 그와 맞서도록 나 자신을 준비해야 한다. 도망가고 싶은 마음을 품는다면 이미 지고 들어가는 것이다. 당당하게 맞서 내가 감당해야 할 일을 하는 것이다. 스스로 부지런하고 강해지든지 지혜로워져야 한다.

마음으로 여는 창

공감에 대하여

공감이란?
내 마음이 상대의 마음을 따라가는 것
공감에는 함께 하는 마음이면서 동시에
내 마음이 따스해지는 것이 있어야 한다.
하지만 분노의 감정에 대하여는 이해는 하되
함께 분노하지는 말아야 한다.

동정을 공감이라 할 수 있는가?
공감이기는 하지만 무조건 끌려가는 것은
바람직한 공감이라 할 수 없다.

어느 정도 절제된 마음으로
상대를 이롭게 하는 공감이어야 한다.
소위, 값싼 동정이나 무절제한 동정은
상대를 더 불행하고 더 좋지 않은 상태로
몰아갈 수도 있다.

좋은 공감이 되려면
다른 사람을 깊이 이해하고
함께 기뻐하고, 함께 슬퍼하며
상대가 지고 있는 마음의 짐을
나눠지는 자세가 필요하다.
기쁨은 두 배가 되고
슬픔은 반으로 줄어든다는 사실을
경험해야만 한다.

공감에서 빠뜨려서는 안 될 필수 요소는?
따뜻한 마음이 반드시 필요하다.
마음이 따스해지지 않으면 공감할 수 없다.
공감은 이론이 아니다.
바람에 흐르는 구름처럼

마음으로 여는 창

수시로 변하는 마음이며,

그 마음의 실체가 공감이다.

무표정한 얼굴, 화난 얼굴은 공감이 아니다.

공감에는 따스함이 동반되는 것이다.

나는 따뜻한가?

특히 공감이 필요한 때는?

슬픔과 아픔에는 공감이 가장 많이 요구되는 때이다.

기쁨에 함께 공감하는 것도 좋지만

아픔과 슬픔에는 더 많은 공감이 필요하다.

공감을 가장 많이 필요로 하는 순간은

그들이 감당하기 어려운 아픔과 슬픔에 잠겨있을 때이다.

공감하지 못한다고

나쁜 사람, 악한 사람이라 할 수는 없다.

다만 감정이 메마른 사람,

서로 마음을 나누고 협력하지 않으며

세상을 혼자서만 살아가는 사람

사이보그처럼 감정 없이 살아가는 사람이 된다.

공감을 하면 마음이 무너질까?

공감하지 못하는 사람은 강한 것 같아도

언젠가 비참하게 깨어질 수 있다.

쉽게 깨어져서 다시 회복하기 어려운 모습으로

무너질 수도 있다.

그때는 스스로 비참함을 맛보아야 한다.

다시 일어설 수 있으면 다행이지만

그렇지 못하면

그토록 믿었던 자기 자신에 대해

심한 배반감을 느끼고

실패자가 될 수도 있다.

하지만 공감을 잘하는 사람은

절대로 깨어지지 않는다.

부드러운 마음은

자유자재로 휘어질 수 있기에

절대 부러지지 않는다.

절대로 깨어질 수가 없다.

세상살이가 자유롭고 편하며

누구나 마음을 열고 다가설 수 있기에

누구와도 가까워질 수가 있다.

마음으로 여는 창

공감을 잘하지 못하는 이유는 무엇인가?
세상경험이 다양하지 못해서?
지나친 열등감에 사로잡힌 사람이라?
아님 지나친 우월감에 빠져 사는 사람인가?
공감은 누가 가르친다고 되는 것이 아니다.
스스로 자신을 돌아보고 변하기를 원할 때
공감의 변화가 일어날 수 있다.

나는 어떻게 이런 사람이 되었을까?
나를 공감능력이 뛰어난 사람이라 한다.
실은 나도 한때는 아주 냉정한 사람이었다.
나의 아버지는 얼음처럼 차가운 나의 냉정함을
누구보다 일찍부터 알고 계셨고
그런 나로 인해 마음에 상처를 입으신 분이었다.
그 때를 생각하면 나의 부족했던 점에 대해
후회와 아픔을 씹으면서 보낼 때가 있다.
하지만 지금 나는 나의 공감하는 능력에 대해
누구보다 뛰어나다는 사실을 알고 있다.
언제부턴가 나는 공감하는 사람으로
변해가고 있었다.

내가 열등감에 빠져있을 때
나는 공감하기가 무척 어려웠었다.
나 자신이 동정의 대상이라 생각했었다.
어느 날 갑자기 공감능력이 뛰어난 사람으로
변화한 것이 아니었다.
나도 모르는 사이에 내 마음은
공감하는 마음으로 변해가고 있었다.
차갑고, 이지적이고, 이기적이던 내 마음은
감상적으로 변해가고 있었다.

무엇이 나를 그렇게 만들었을까?
나는 나 자신을 아주 메마른 사람이라 생각했었다.
아주 냉정한 사람, 그러나 결코
남을 해치지 않고, 부정직하지 않고
그러면서도 자기 혼자만 생각하는
이기적인 사람이었음에는 틀림없다.
그런데 지금 나는 이렇게 변하였다.
누구보다 감성적이고
공감할 수 있는 마음을 가진 사람으로
변해버렸다.

마음으로 여는 창

누가 나를 바꾸었는가?

내 아버지였을까?

내 마음의 변화에 영향을 미치신 분임에는 틀림이 없다.

하지만 아버지는 내가 냉정하다고만 하셨을 뿐

나의 공감능력이 부족하다고는 하지 않으셨다.

내가 이런 사람이 되어야 한다고

한마디도 하신 적이 없으셨다.

그러면서도 아버지는 누구보다

공감능력이 뛰어나시던 분이었다.

내 주위 어느 누구도 나의 변화를 위해

조언해준 사람이 없었고

그것을 요구한 사람도 없었다.

하지만 세상은 혼자 사는 것이 아니란 사실을

알게 되었다.

내가 짊어지고 살아오던

열등감이란 무거운 짐을 내려놓으면서

나는 공감 잘하는 사람으로 변해가고 있었다.

내가 읽은 책들 때문이었을까?

레오 버스카글리아 교수의 《살며 사랑하며 배우며》란 책은

내게 하나의 충격이었다.

내 공감능력을 불러일으키는 데
큰 역할을 하였던 게 분명하다.
그 후로도 나는 많은 인문학 서적들을 읽으면서
나도 모르게 조금씩 변해가고 있었다.
그토록 무겁던 열등감도
모두 사라진 것을 알게 되었다.

아들은 왜 공감능력이 저렇게 부족할까?
왜 저토록 마음의 끈을 조이면서 살아가고 있을까?
젊은 날의 내 모습이 바로 지금 아들의 모습이라
생각한다. 하지만
계속 저런 모습으로 살아간다면
좋은 아버지, 좋은 남편이 되기 어렵고
좋은 친구, 좋은 이웃이 될 수 없으며
좋은 의사가 될 수도 없다.
오직 자신만을 위해 살아가는
이기적인 존재가 될 가능성이 높다.

지금 이 순간 나와 내 아들의 공감능력에는
엄청난 차이가 있다.

마음으로 여는 창

나는 공감능력이 뛰어난 데 비해

아들은 공감능력이 제로에 가까운 것 같다.

장차 아들은 나처럼 변할 수 있을까?

내가 아들을 위해 할 수 있는 일은 무엇일까?

제발 나처럼 공감능력이 자라날 수 있기를!

내가 걸어온 공감의 길을

아들도 걸어가는 날이 올 수 있기를

고대한다.

준비된 하루

나는 오늘을 맞이할 준비가 되어있는가?

오늘 해야 할 일들을 제대로 감당할 준비가 되어있는가?

어떤 일이 내게 닥치더라도 기꺼이 맞이할 준비가 되어 있어야 한다. 마음의 끈을 단단히 매고 가벼운 자세로 맞을 수 있도록 해야 한다. 때로는 쓰러질지라도 다시 일어설 준비가 되어 있어야 한다.

매일 아침 문을 나서기 전 나 자신에게 질문을 던진다.

'준비됐나?'

'그래, 자! 그럼 지금 출발한다.'

문밖을 나서는 발걸음이 가볍다.

어떤 일도 두렵지가 않다. 새로운 기대로 아침을 맞는다.

좀 더 일찍 알았더라면 내 인생은 또 다른 모습을 보였을 텐데. 하지만 아직 늦은 것은 아니다.

지금 나는 살아 있고 뭔가 할 일이 나를 기다리고 있다.

오래전 군대에서 매일 수도 없이 듣던 말이 있다.

"준비! 출발!"

"준비! 거총! 조준! 발사!"

지휘관은 무슨 명령이든 내리기 전에 항상 '준비!'를 먼저 외쳤다.

40년도 더 지난 일인데 지금 그 의미를 생각해보게 된다. 좀 더 일찍 깨달았더라면 내 인생에 더 큰 도움이 되었을 텐데 참 아쉬운 일이다.

좋은 일도 힘든 일도, 기쁜 일도 슬픈 일도, 그 무슨 일이든지 준비하면서 맞았더라면 훨씬 더 지혜롭고 적절하게 대응할 수 있었을 텐데 도망치듯 움츠러든 마음으로 보낸 날들이 많았었다. 그렇다고 준비 없이 인생을 살아온 것은 아니었다. 다만 좀 더 차분한 마음으로 문제를 살펴보고 마음을 가다듬는 시간을 가졌더라면 그 결과가 많이 달라졌으리라 생각한다.

모든 일은 준비하면서 살아가야 한다. 아무렇게나 살다가 뒤통수를 맞는다면 쓰러지기 쉽다. 사실 내게도 그런 날들이 많았다. 인생은 준비하면서 살아야 하는 거다. 준비하면서 살아갈 때 훨씬 더 많은 것을 얻을 수 있고 같은 인생을 살더라도 더 많은 것을 이룰 수 있다. 오늘 내가 하려는 것이 무엇인지 그에 대한 마음의 준비를 하면 훨씬 더 가벼운 마음, 기대하는 마음으로 맞이할 수 있다. 불의의 일격을 당하더라도 정신은 차릴 수 있다.

　이제부터 모든 아침은 준비된 마음으로 세상을 향해 나아가도록 해야겠다.
　지금까지 살아오면서 알게 된 내 세상살이의 정수라 생각한다. 남은 인생을 위해 매일 매일을 준비하면서 살아가는 거다. 내 마지막 날까지.

마음으로 여는 창

새해를 맞으며

한해가 저무는 이맘때가 되면 마음이 초조해지곤 한다. 새해를 시작할 때 품었던 각오가 지켜지지 않은 것에 대한 아쉬움 때문이다. 이루어진 것 보다는 이루지 못한 것들에 대한 미련이 마음을 더 사로잡는다.

무한가능성을 지녔던 젊은 날에는 방황의 시간들을 보내느라 허송하였고, 삶의 굴레에 매여 치열하게 살아온 중년에는 책임감에 묶여 곁눈질할 시간조차 없었다. 저녁노을처럼 저물어가는 지금 남은 삶을 어떻게 마무리해야 할까? '우물쭈물하다가 내 이럴 줄 알았다!'던 어느 인사의 묘비명을 차용하는 일은 없기를 바란다.

수년 전부터 새해를 맞을 때마다 다음 두 가지는 꼭 이루겠다고 다짐을 하고는 했다. 새로운 것 하나를 배우는 것과 인격적으로 좀 더 성숙해지는 것이었다. 그러나 쫓기듯이 살아오다가 해를 넘길 무렵이 되면 후회를 하는 일이 되풀이되고는 했다. 자신과의 약속을 지키지 못한 것에 대한 실망도 컸다.

젊은 날에 시간을 잘 활용할 수 있었더라면 내 인생이 얼마나 달라졌을까? 엄청난 차이를 만들지 않았을까 싶다. 뛰어난 역량으로 훨씬 더 많은 것을 이루었을 텐데 참 아쉬운 일이다. 하지만 그렇게 살았더라면 지금처럼 삶의 의미를 살피는 일은 없었을지도 모른다. 그렇게 생각하면 오히려 다행인 것도 같다. 꽃길 인생만 걸어왔더라면 자만심이 가득하여 삶의 의미를 헤아리는 데는 둔감하였을 테니까….

어쨌거나 거꾸로 가는 인생은 없다. 지금 있는 곳에서 출발하는 것이지 되돌아가서 다시 살 수는 없기 때문이다. 다가오는 새해에는 내 능력에 맞게 나 자신의 발전을 위해서 조그만 것 하나쯤 실천하는 것을 목표로 삼고 좀 더 따스한 마음으로 주위 사람들에게 다가갈 수 있기를 바란다. 그래서 생각다가 다시 두 가지 문제에 매달리기로 했다.

첫째, 내가 꼭 버려야 할 것이 있다면?
사람은 대체로 단점 보다는 장점을 더 많이 가진다. 다만 그런 장점들을 가졌음에도 불구하고 눈에 띄는 단점 하나 때문에 빛을 잃어 버리는 사람들이 너무 많다. 아무리 크고 잘 생긴 사과라도 작은 흠 집으로 인해 특상품의 가치를 잃어버리는 것과 같다. 치명적이진 않을지라도 자신의 가치를 크게 떨어뜨리는 약점이 될 수는 있다. 나 역시 그런 점에서 예외가 되지 못한다.

그렇다면 지금 나의 발목을 잡고 있는 가장 큰 단점은 무엇인가? '미루는 습관'이 나의 가장 큰 단점이 될 것 같다. 꼭 해야만 할 일임에도 미룰 수 있는 데까지 미루는 태도를 이 나이가 되도록 버리지 못했다. 미뤄봤자 마음만 번거롭고 임박하여 다급하게 설쳐도 일은 잘 풀리지 않는 수가 많다. 성과도 내지 못하면서 어깨에 짐만 지고 사는 꼴이다. 어떤 일도 미루지 말고 즉시 처리하자.

둘째, 새로 이뤄야 할 것이 하나 있다면?

젊어서 기본을 익혀둔 것이 없으니 이 나이에 뭔가 새로운 것을 시작한다는 것은 쉬운 일이 아니다. 건강을 위해 시작한 운동은 3년 전부터 잘 지켜오고 있으니 취미생활이나 지적인 영역, 혹은 정신적인 성장과 관련된 것 중에서 하나를 취해야 할 텐데 시간이 문제다. 새로운 것을 배우러 다닐 시간이 없다.

결국 지금까지 살아오면서 겪은 일상의 소재들을 중심으로 글을 쓰는 게 가장 좋을 것 같다. 산만하거나 지루하지 않고 단순명료하게 글을 쓰고 싶다. 연말에는 가볍게 읽을 수 있는 책 한 권을 낼 수 있었으면 좋겠다. 읽는 이에게 신선한 자극으로 다가갈 수 있는 작은 책 하나!

올 연말에는 새로운 내 모습이 되어 있기를 기대해 본다.

마음으로 여는 창

저무는 내 인생을 바라보면서

한 그루 고목(古木)이기를

나는 오늘 일본으로 떠난다

나의 처세술

나이 듦에 대하여

다 나쁜 건 아냐

행복의 실마리

영원한 시간의 흐름 속에서

산길을 걸을 때는

저녁엔 읽고 아침엔 쓴다

코로나-19로 인해 얻는 것

건강을 위하여

덤으로 사는 인생

좋은 아침, 좋은 만남

뜻깊은 하루

고 병 구 수 필 집

좋은 아침, 좋은 만남

저무는 내 인생을 바라보면서

　　내 인생을 나무에 비한다면 지금의 나는 묵은 가지에 빛바랜 잎을 달고 있는 한 그루의 고목이라 할 수 있다. 여린 가지에 새싹을 피우던 때가 있었고, 푸른 잎으로 몸을 감싸며 사방으로 가지를 뻗어가던 날들도 있었다. 삭풍에 몸을 떨며 앙상한 모습으로 보낸 날들이 있었고, 찢어진 가지에 진물로 얼룩진 상처를 보듬으며 보낸 때도 있었다. 하지만 지금은 웬만한 비바람과 북풍한설에도 버틸 만큼 마음의 여유를 누릴 수 있어서 좋다. 침샘의 염증으로 왼쪽 볼이 부어올라 잠을 이루지 못하는 오늘 같은 밤은 스스로 돌아보는 시간을 얻은 것으로 내 마음은 즐겁다. 자신을 성찰하고 스스로 견고해지는 것도 의미 있는 일이다. 세상의 험한 파도를 헤쳐 나가기 위해서는 꼭 필요한 과정이다.

　수 년 전 나는 한 그루의 고목 같은 존재가 되고 싶은 마음을 담아 글을 쓴 적이 있다. 떡잎으로 솟아난 외줄기 가지가 수많은 곁가지를 내고 푸른 잎으로 덮였다가 마침내 크고 우람한 모습이 되어 있는 고목들을 볼 때마다 나는 그들을 닮아가고 싶었다. 사방으로 뻗은 가지에 무성한 잎으로 뒤덮인 그들의 품속으로 들어서면 상처가 아문 수많은 흉터들을 보면서 위로를 받고는 했다. 때로는 둥치만 남았을지라도 그 위세는 대단하였으며 세월 속에 새겨진 그들의 자태는 여느 경치를 능가할 만큼 내 마음을 사로잡았다. 그때 나는 그들처럼 한 그루의 고목이 되기를 원했다. 석양에 저무는 내 인생을 바라보면서 이제 나는 그들과 한 걸음 더 가까워졌음을 깨닫는다.

　나는 가늘고 여린 모습으로 태어나 크고 작은 시련과 축복의 날들을 보내고 이젠 지난날을 돌아보며 세상이야기를 들려줄 나이가 되었다. 지금 내 마음속에 품고 있는 것은 아쉬움도 미련도 아니다. 설혹 아쉬움과 미련을 가졌다 한들 모두 소용없는 일이다. 돌이킬 수 없는 지난 세월이며 앞으로의 날들 또한 크게 달라질 것은 없다. 지금까지의 삶을 기둥 삼아 마지막 고목의 길을 가는 것이 내가 받아들여야 할 나의 운명이다. 마무리는 하늘이 지을 것이며 나는 다만 남은 생명의 날들을 이어가면 된다. 지금 내가 할 수 있는 것은 오직 고목의 이야기를 들려주는 일이다. 그늘을 찾는 이에게 그늘을 지어

마음으로 여는 창

주고 휴식이 필요한 이에게는 쉼터를 제공하며 마음이 상한 이들에게 찢어지고 아문 내 흉터를 보여주는 것이 내게 남은 일들이라 생각한다. 세파 속에서도 하나의 둥치가 된 내 모습을 보여주고 싶다.

살아온 날들에 생채기가 생겼으나 새로운 가지를 내었으며, 부러지고 찢어졌으나 흉터는 아물었으며, 뿌리가 흔들릴 만큼 세찬 비바람에도 송두리째 뽑히지 않고 꿋꿋이 자리를 지켜왔노라 이야기하고 싶다. 세상은 험하였으되 쓰러질 만큼은 아니었다고, 잠시 넘어지고 비틀거릴지라도 다시 일어서 걷다 보면 새로운 힘을 얻게 되더라고…. 땀을 흘린 만큼 줄기와 가지는 굵어졌으며 잎은 무성하게 되더라고 말해주고 싶다. 지금에 이르기까지 이슬과 단비만 먹고 자란 것은 아니라고, 폭풍과 삭풍을 견뎠으며 가뭄과 장마에도 삶을 포기하지 않았노라 말하고 싶다. 이젠 웬만한 태풍에도 견딜 수 있는 뿌리를 가졌으며 지난날의 흉터도 곱게 아물어 내 운명의 날까지 살아갈 여유를 갖게 되었음을 말하고 싶다. 눈에 띄지 않는 한적한 모퉁이의 고목이라 할지라도 찾는 이가 있다면 그 마음의 소리를 듣고 내가 살아온 날들을 얘기해주고 싶다.

세상에는 사나운 말과 험한 일들이 난무하여 가시와 창으로 서로를 상하게 할지라도 마음속엔 사람이 아쉽고 정이 그리워서 그리된 것이라 믿고 싶다. 질병과 죽음의 공포가 세상을 휩쓸고 질시와 경쟁의 눈길이 서로의 가슴을 얼어붙게 하는 지금 같은 날에도 한 줄기

가지를 내어 새잎을 피우는 봄날이 오기를 기다리는 중이라 믿고 싶다.

더 이상 가지를 뻗지 못하고 잎을 피우지 못하게 되는 날이 오거든 기꺼이 땅으로 돌아가겠다는 다짐을 한다. 넉넉히 무르익은 고목이 되어 자리를 지키다가 내 역할이 끝나거든 새 생명을 위한 거름으로 다시 태어나리라. 흔들리는 세상을 향해 내가 가야 할 마지막 길은 숯이 되도록 삶을 불태우다가 하얀 재가 되어 바람에 흩어지는 일이다.

사람도 오래된 고목처럼 나이 들어 갈 수 있다면 좋겠다. 어느 길가의 오래된 느티나무처럼 꿋꿋한 모습으로 내 남은 날들을 마무리하고 싶다. 수많은 옹이와 구부러진 자태에도 불구하고 넉넉함과 아울러 범할 수 없는 위엄으로 자리를 지키고 있는 모습을 닮아가고 싶다.

마음으로 여는 창

한 그루 고목(古木)이기를

조부모님께서 일찍 돌아가신 탓에 내가 어릴 때부터 아버지는 당신도 환갑을 넘기지 못하실 거라는 말씀을 자주 하셨다. 그런데 2년 전 아버지는 아흔두 살로 세상을 떠나셨다. 그리고 그 해 나는 아버지께서 그토록 어려워하시던 환갑을 맞게 되었다. 그 때부터 아흔이라는 숫자는 내게 새로운 의미로 다가왔다. 나 역시 아버지가 이 땅에서 살다 가신 날만큼 살아가게 될 것이란 생각이 들었기 때문이다.

아버지께서 떠나신 후 죽음에 대해, 또 앞으로 내가 살아가야할 날들에 대해 생각해보는 시간이 많아졌다. 성장과 배움의 시기였던 서른 해를 철없이 흘려보내고, 가정을 이루고 사회인으로 첫발을 떼어 오늘에 이르기까지 서른 해는 좌우를 돌아보지 못하고 숨 가쁘게 달려온 날들이었다. 이제 마지막 서른 해가 끝날 때면 내 모든 삶도 마무리되어야 한다. '어떻게 하면 좀 더 의미 있는 삶을 보낼 수 있을까?' 이 세상을 떠나는 날 '후회 없는 삶이었다.'는 말을 할 수 있었으면 좋겠다.

주말이면 가끔 시간을 내어 아내와 함께 가까운 산과 들을 찾는다. 운전대를 잡고 느긋하게 시골길을 달리다 보면 내 고향처럼 정겨운 마을을 만날 때가 있다. 그런데 그 때마다 제일 먼저 눈에 들어오는 것은 마을 어귀를 지키고 있는 아름드리 고목이다. 한눈에 반할 만큼 아름다운 자태는 자석처럼 내 마음을 끌어당긴다. 차에서 내려 그 품안으로 들어서면 알 수 없는 위로가 쏟아져 내리는 것을 느낄 수 있다.

한결 푸근해진 마음으로 아쉬운 작별을 위해 고개를 들면 하늘을 가릴 만큼 무성한 잎사귀 사이로 얽히고설킨 나뭇가지들이 보인다. 똑바로 곧게 자란 것들보다는 휘어진 가지들이 대부분이고 울퉁불퉁 혹이 진 가지들도 많다. 지나온 세월이 결코 만만치 않았으리라. 모진 풍상에 부러지고 찢어지는 아픔을 겪으면서 살아온 인고의 세월. 그럼에도 불구하고 전혀 상처받지 않은 모습으로 자리를 지키는 그 여유는 어디서 오는 것일까?

마음으로 여는 창

나이가 들수록 쇠잔해지는 육체의 변화야 피할 수 없다지만 정신마저 퇴락해가는 사람들을 볼 때마다 '제발 나는 그들과 같지 않기를!' 기원하는 마음이 된다. 하지만 허점투성이였던 지난날의 기억들이 떠오르면 다가올 날들에 대한 두려움이 앞서기도 한다.

'다시 과거로 돌아갈 수 있다면 그렇게 살지는 않을 텐데.'

지난 세월을 탓해 보다가 금방 깨닫게 되는 것은 과거로 다시 돌아간다 해도 크게 나은 삶이 되지 못한다는 사실이다. 지난날들의 삶에 대한 교훈을 공유하지 못한 채 시간만 과거로 되돌린다면 지나온 삶보다 더 못한 삶을 보낼 수도 있다.

남겨진 날들에 대해 고민을 하던 중에 눈에 들어온 것이 저 고목들의 모습이다. 한 자리에 꿋꿋이 서서 온갖 풍상을 겪으면서도 넉넉하고 여유로운 자태를 지녔다는 사실 앞에 그저 감탄을 쏟아낼 수밖에 없다. 어린나무들이 보여주는 풋풋한 아름다움과는 격이 다른, 품위 있고 완숙한 아름다움에 대해 경의를 표하고 싶다.

그런데 주위를 둘러보아도 저 고목들처럼 아름다운 사람은 찾아보기가 쉽지 않다. 연륜이 흐를수록 나무는 위엄과 기품을 더해 가건만 사람은 어찌하여 초라하게 변해간단 말인가? 인간이 어찌 한 그루의 나무에도 미치지 못하는가? 육체는 시들지라도 정신만은 그 빛을 더해감이 마땅할 터인데…. 어쩌면 나 또한 그처럼 퇴락해갈 운명이라 생각하면 미리부터 가슴이 저려온다.

그러다가 한 줄기 빛처럼 가슴을 스치는 생각. '그래! 바로 저렇게 사는 거야. 저 나무들처럼 살자. 저 나무처럼 늙어가자.' 나무의 지혜를 배울 수만 있다면 마지막 날에 나는 웃으면서 떠나리라. 아직 그 답을 온전히 찾지는 못하였으나 언젠가 나는 한 그루의 고목(古木)이기를 원한다.

나는 오늘 일본으로 떠난다

나는 오늘 일본으로 떠난다. 우리 부부에게 결혼 후 36년 만에 처음으로 해외여행이란 의외의 기회가 주어진 것이다.

일본은 내가 어릴 적부터 가장 싫어하던 나라였다. 일본에 의해 짓밟힌 우리 민족의 아픈 역사를 배우면서 배우면서 내 마음속엔 일본에 대한 깊은 증오심이 뿌리를 내리고 있었기 때문이다. 수치스런 우리 역사에 대한 아픔으로 인해 지금까지 '일본 땅은 평생 밟지 않겠다.'는 다짐을 하면서 살아왔었다. 한편으론 일제강점기에 태어나지 못해 나의 삶을 조국의 독립을 위해 바칠 수 없었던 것에 대하여 아쉬움을 넘어 억울한 생각이 들기까지 했었다.

'절대로 가지 않겠다!'고 다짐했던 배척의 땅, 일본을 이제 부담 없는 마음으로 다녀오려고 한다. 흘러간 역사보다는 앞으로의 역사가 더 중요하다는 사실을 깨달았기 때문이다. 지나간 역사의 상처를 극복하고 새로운 역사를 만들어가야 할 때라 생각한다. 그러기 위해서는 불행한 우리 역사의 가해자라 할 수 있는 일본에 대해 좀 더 알아야 할 필요가 있다.

　우리에게는 가장 아프고 수치스런 역사로 기억되지만 그들 일본으로서는 가장 자랑스러운 역사로 여겨질 것이란 사실을 인정하지 않을 수 없다. 만일 그와 같은 역사가 우리에게 있다면 우리 역시 자랑스럽게 여기지 않겠는가? 다만 비인도적인 잔혹행위가 있었던 부분에 대해서는 마땅히 반성을 해야겠지만 그 또한 쉬운 일은 아닐 것이다. 감춰진 수많은 그늘에도 불구하고 그처럼 자랑스럽게 여기는 그들의 역사를 외부의 강요에 의해 지워버릴 것인가? 설혹 한 페이지를 지우고 싶어도 지워질 수 없는 것이 역사이다. 그들의 진심 어린 사과와 보상이 우리의 불행했던 역사를 청산하는 해법이라지만 누가 어떤 형태로 사과를 할 것이며, 우리는 그것을 받아들일 국민적 공감대가 형성되어 있다고 말할 수도 없다. 대부분 지나간 역사의 당사자가 아닐 뿐 더러 단일한 형태의 사과라는 절차를 만들어 낸다는 것이 불가능하기 때문이다. 다만 절대적인 힘의 논리가 지배하던 시기에 우리에게는 힘이 없었다는 사실에 대해 안타까움을 금할 수가 없다.

마음으로 여는 창

시대에 따라 힘의 실체가 무엇이냐가 다를 뿐 지금도 힘의 논리가 적용되고 있다는 사실에는 과거와 달라진 바가 없다. 다만 지금은 국가 간의 약속과 견제에 의해 물리적인 힘의 지배는 억제되고 있지만, 각자의 생존을 위해 국제적으로 통용되는 새로운 룰(규칙)이 있다는 것이 다른 점이라 할 수 있다. 허용되는 룰의 범위 안에서 우리는 어떤 힘을 가져야만 한다. 그런 힘도 없으면서 과거에 집착하여 적대감만 내세우는 것은 허세에 불과할 뿐이다. 속된 말로 힘없는 자의 외침을 누가 돌아나 볼 것인가? 상대방이 우리를 인정할 뿐 아니라 국제사회에서 인정받을 수 있는 우리 자신의 힘을 길러야 한다. 서로의 존재를 인정하고 서로를 존중하는 태도는 개인이나 국가나 다를 바가 없다. 그렇다면 오늘날 요구되는 힘은 무엇이며, 어떻게 우리는 그러한 힘을 가질 수 있겠는가?

상대가 갖지 못한 우리의 장점을 더욱 살리는 것도 필요하지만 상대의 장점을 알고 그것을 받아들이는 것도 우리의 힘을 키우는 방법이다. 과거를 곱씹으며 지나간 잘못에 대해서만 따지려고 하는 것은 현재를 위해서도, 미래의 역사를 위해서도 지혜로운 태도라 할 수 없다. 세상은 넓고, 국가는 다양하며, 수많은 세계인들이 우리를 지켜보고 있다. 그들이 우리를 인정하게 된다면 우리는 강한 자이며, 그들에게 우리가 인정받지 못한다면 우리는 한낱 약자에 불과할 뿐이다. 일본에 대하여도 미래지향적인 쪽으로 나아가는 전향적 자세가 필요한 때라 생각된다.

중국과 몽고에 조공을 바치고, 인질로 잡혀가고, 공녀를 보내고, 화냥년으로 돌아온 것은 남의 나라 역사가 아니다. 임진왜란, 정유재란, 일제36년만큼이나 우리 조상들의 고통으로 얼룩진 우리의 수치스런 역사의 페이지들이다. 힘없는 조상님들의 아픔을 다시 겪지 않도록 하는 것이 우리의 책무이다. 우리 자신뿐만 아니라 후손들이 긍지를 갖고 밝은 미래를 살아갈 수 있도록 새로운 길을 찾고 더 나은 역사를 만들어가는 것이 오늘을 살아가는 우리에게 주어진 과제라 할 수 있다.

나는 오늘 일본으로 가서 그들이 어떻게 우리를 지배할 수 있었으며, 어떻게 세계를 호령하는 강자가 될 수 있었는지 내 눈으로 확인해 보려고 한다. 지금도 그들은 국제사회에서 우리보다 더 대우받고 있다는 사실을 인정하지 않을 수 없다. 노벨상 수상자 22명을 배출한 그들의 노력에 대해 감탄하지 않을 수 없다. 비록 3박4일의 짧은 여정이지만 나는 그들이 우리보다 한 발 앞설 수 있었던 비결이 무엇인지, 장차 우리의 빛나는 역사를 펼치기 위해서는 우리가 어디서 출발해야 하는지 살펴보고 싶다.

나는 지금 아주 가벼운 마음과 기대를 품고 나의 첫 일본나들이를 떠나려고 한다.

마음으로 여는 창

나의 처세술

　　인생의 종착역이 가까워올수록 시간의 흐름은 빨라지는 것 같다. 매일 매순간이 이처럼 소중한 줄을 예전엔 미처 몰랐다. 지나간 모든 날들이 새롭게 다가오고 스쳐 지나는 순간마다 마음속에 잔상을 남긴다. 지금까지 내 삶의 방식이었으며 앞으로도 나를 이끌어갈 몇 가지 원칙들을 정리해본다.

　하나, 끈기로 승부한다.
　힘든 시련이 닥치면 마음은 녹아내리고 몸은 깊은 물속으로 가라앉는 것 같았다. 그러다가 완전히 바닥이라 여겨질 때쯤 알 수 없는 힘에 의해 다시 솟아오르고는 했다. 새로운 시련을 만나면 '이번엔

뭘 배우지?' 마음의 여유도 생겼다. 인생에서 가장 값진 학습은 시련을 통해 배우는 것이다. 생존의 열쇠는 끈기이다.

둘, 땀으로 일군다.

무엇이든 요행으로 얻기를 바라지 않았다. 서두르지 않고 매일 한 걸음씩 앞으로 나아가려 했고 벽돌을 쌓듯 하나씩 쌓으면서 살아왔다. 정당한 대가없이 취한 것은 언젠가 그 값을 지불하게 되어있다. 원래보다 가혹한 대가일 수도 있다. 땀으로 얻는 것이 가장 쉽고도 안전한 방법이다.

셋, 적당히 손해 보며 산다.

일곱은 취하되 셋은 버린다는 마음을 가진 뒤로 물질로 인해 마음 상하는 일은 없었다. 땀 흘려 얻은 것이라 하여 모두 내 것이 아니다. 적당한 손해는 더 큰 보답으로 돌아오는 수도 있다. 행운은 그렇게 찾아온다.

넷, 작은 이익을 탐하지 않는다.

작은 이익에 눈이 멀어 유혹에 빠지는 것을 경계했다. 작은 것을 탐하는 것은 스스로 초라해지는 일이다. 세상에는 큰 것처럼 보여도 사소한 것이 대부분이다. 한발 물러서서 바라보는 시각이 필요하다.

마음으로 여는 창

다섯, 자존심을 버린다.

자존심 때문에 나 자신을 옭아매고 살아온 날들이 많았다. 허세를 버린 후 사람과의 관계에서 한결 자유로움을 느꼈다. 참새처럼 가볍게 유머를 말하는 여유도 생겼다. 자존심은 버리되 자긍심은 지킨다.

여섯, 적을 만들지 않는다.

무익한 다툼을 벌여 마음 상하는 일이 없기를 바랐다. 적으로 가득한 곳이 세상인데 일부러 적을 만들 필요는 없다. 지는 것이 이기는 것이란 말을 절감할 때가 많다. 영원한 적은 없다. '인자무적' 공자의 말씀은 진리이다.

일곱, 오해는 시간이 풀어준다.

단순한 오해가 아니라면 성급하게 풀려고 하지 않았다. 의도적으로 생긴 오해를 풀기 위해 서두르면 진흙탕 싸움으로 빠져들게 된다. 비참한 마음이 들더라도 기다리는 편이 낫다. 모든 진실은 시간이 흐르면 밝혀진다.

여덟, 일관성을 유지한다.

일관성 있는 태도를 취함으로써 부당한 청탁이나 곤경에서 벗어날 수 있었다. 팔색조처럼 사는 것은 피곤한 일이다. 머리를 싸매고 말을 꾸미지 않아도 삶이 나를 변명해준다. 부드러운 듯 강한 '외유내강'이 비결이다.

아홉, 물 흐르듯이 산다.

나이가 들어서야 깨닫게 된 사실이다. 마음의 소리에 귀를 기울이면 가장 자연스럽고 합리적인 결론을 얻게 되고 평상심을 잃지 않아서 좋다. 물 흐르듯 마음 가는 대로 사는 것보다 편한 삶이 없다.

한 때 갈팡질팡하며 보낸 날도 있었으나 대학에 입학한 후 기독교 선교회를 만나 신앙생활 속에서 성경에 마음을 쏟으며 보낸 것과 지금까지 인문학서적을 가까이해온 것이 내 인생에 큰 보탬이 되었던 것 같다. 평생을 너그러운 마음과 공평무사한 태도로 살다 가신 아버지의 인품과 지극한 가난과 굶주림을 온몸으로 극복하신 어머니의 인내가 내 몸속에 피처럼 흐르는 것을 느낀다. 그리고 알게 모르게 내게 도움을 주신 많은 분들로 인해 오늘의 내가 되었음을 믿는다. 이제 넉넉하고 홀가분한 마음으로 남은 날들을 마무리해 갈 수 있기를 바란다.

나이 듦에 대하여

　젊을 때는 시간이 어떻게 흐르는지 알지를 못하였다. 내일은 끝없이 계속될 줄 알았고 천천히 가는 시간이 원망스러울 때도 있었다. 부족한 것은 돈이고 넘치는 것은 시간이라 생각하며 보냈었다. 그런데 이젠 시간의 흐름이 너무 빨라서 안타까운 마음이 들 때가 많다. 가끔은 내게 남은 날들을 헤아리면서 재물과 명예보다 소중한 것이 시간이란 사실을 마음에 되새기고는 한다.
　흘러간 과거에 대하여는 지나친 후회도 미련도 갖지 말아야 한다. 과거는 아픔과 슬픔에 젖어있는 기억일 수도 있고 아름답고 아쉬웠던 추억일 수도 있다. 하지만 마음을 과거로 돌려 너무 아파하거나 너무 슬퍼할 필요는 없다. 지금 나는 금방 사라질 현재라는 시간과 펼쳐질 짧은 미래를 마주하고 있다. 뜻있게 보내야 할 소중한 순간이며 내 인생의 마지막 결실을 거둬야 할 날들이다.

때로는 작은 슬픔과 기쁨에 몸과 마음을 맡기는 것이 좋다. 지금 슬프면 눈물을 흘리고 지금 기쁘면 크게 웃음 지으며 지금 땀을 요구한다면 기꺼이 땀을 흘리면서 살아가면 된다. 가면으로 얼굴을 가린 채 현실을 외면하고 회피하는 것은 나를 더욱 힘들게 하는 일이다. 누구를 원망하거나 미워하지도 말아야 한다. 나 자신을 고통스럽게 만드는 것이기 때문이다. 복잡한 일은 단순하게 풀어버리고 마음도 자유롭게 놓아주는 것이 좋다.

나이 들기를 두려워 말고 대자연의 섭리로 받아들여야 한다. 티끌의 티끌보다 못한 나 자신을 이 우주의 흐름에 맡기고 스스로 우주의 한 부분임을 인식할 필요가 있다. 어떤 생명체도 생자필멸의 대원칙을 피해갈 수는 없다. 싹이 트고, 자라고, 열매를 맺고, 그 결실이 익을 때쯤이면 자연으로 돌아가야 한다. 발버둥을 친다고 도망칠 수 있는 것이 아니다. 그냥 자연의 법칙에 몸을 맡기면 평안하게 자연과 일체가 되어 살아갈 수 있다. 다만 좀 괜찮은 결실이 맺히도록 현재에 충실해질 필요가 있다. 알차고 아름다운 열매를 맺기 위해 물을 마시고 햇살을 받는 것으로 족하다.

적게 후회하고 스스로 만족한 삶을 보내려면 내가 할 수 있는 것은 무엇인가?

마음으로 여는 창

몸이 아프지 않아야 한다. 몸이 아프면 마음도 시달리고 주변 사람들도 괴롭히게 된다. 살아있는 것 자체가 고통이 될 수 있다. 아프지 않기 위해서는 최대한 절제하며 건강관리를 해야 한다. 다행히 술도, 담배도 하지 않는다. 음식에 대한 절제가 필요한데 지금까지 지켜온 식습관이면 충분할 것 같다. 이 나이가 되도록 골고루 맛있게 먹는 나의 식성은 스스로도 놀랄 정도이다. 마지막 순간까지 체력을 유지하고 몸을 움직일 수 있도록 신체적인 훈련도 게을리 하지 말아야 한다. 7년째 접어든 매일 저녁 한 시간씩 실내자전거 타기와 아침마다 7분씩 화장실에서 하는 어깨·허리 회전운동은 앞으로도 계속할 생각이다. 지루한 것은 사실이지만 몸 단련에 큰 보탬이 되고 있다.

정신도 건강해야 한다. 노인성 치매가 오는 것은 현대의학으로도 어쩔 수가 없지만 스스로 챙길 수 있는 부분은 소홀히 하지 말아야 한다. 좋은 책을 읽으면서 건강한 정신으로 여물어가야 한다. 원만한 성품과 합리적인 사고를 할 수 있도록 마음을 다질 필요가 있다. 불필요하게 많은 말을 하는 것과 화내는 것을 절제할 줄 알아야 한다. 나이가 들면 민망할 만큼 유치해지는 수가 많다. 쉽게 감정이 상하는 일이 없기를 바란다. 세상경험과 연륜에 맞게 지혜로운 사람이 되어야 한다. 평소에는 입을 다물되 원하는 이에게는 진심을 들려줄 수 있어야 한다. 마지막까지 세상에 필요한 사람이 되고 세상의 거름이 되는 것도 큰 축복이다. 몸은 퇴락하여도 마음은 강건하기를 바란다.

 끝으로 하나 더 바라는 게 있다면 넉넉한 마음으로 잘 웃는 사람이 되는 것이다. 가까운 이들 뿐 아니라 만나는 모든 이에게 환한 표정을 보여줄 수 있다면 그보다 더 좋은 일이 없다. 때가 되어 흙으로 돌아가는 날에는 한 가닥 미련도 없이 훌훌 털고 떠나야 할 것이다. 잠시 서운함이 있을지라도 남겨야 할 것은 글과 마음으로 전하고 몸은 깨끗이 거둬가는 것이 도리이다.

 저 세상 문턱이 한참 먼 줄 알았는데 어느새 내 차례를 헤아리게 되었다. 그렇다고 초조해 하거나 두려워할 필요는 없다. 담담한 마음으로 마지막 순간을 기대하며 나날을 보내는 것이 나이든 자의 지혜라 생각한다. '철학적으로 사색한다면 죽을 준비가 된 것'이라는 키케로의 말처럼 이것도 내 인생철학이라면 나는 이제 죽을 준비가 된 셈이다.

다 나쁜 건 아냐

'다 나쁜 건 아냐!'

문젯거리가 생겼을 때 나도 모르게 내뱉는 말이다. 어려운 일이 닥쳤다고 꼭 나쁜 것만은 아니다. 지나간 후에 돌아보면 뭔가 하나를 더 배우는 기회였음을 알 수 있다. 더 큰 시련을 만나면 더 많은 것을 배울 수 있다. 고난의 터널을 통과하고 나면 마음이 여유로워지고 자신감이 생기는 것도 흔히 경험하는 일이다. 많은 것을 잃어버린 줄 알았는데 오히려 더 많은 것으로 채워졌다는 사실을 깨달을 때도 있다.

어떤 형태의 어려움을 만나든 그것을 극복하기 위해서는 공통적으로 적용되는 공식이 있다. 정직 + 수고 = 극복(승리) 이 원칙이 잘 지켜져야 만족한 결과를 얻을 수 있다. 변칙과 불법, 비양심적인 태도로 임하게 되면 우선은 어려움을 면하는 것 같아도 그로 인해 발목이 잡혀 무너지기가 쉽다. 흔히 보는 일이다. 시련 앞에서 강해지려면 진실을 지키는 순수함과 열정을 다하는 노력이 있어야 한다. 정당한 노력에 의해서만 진정한 승리가 지켜질 수 있다. 나의 땀과 수고로 얻은 것이 아니면 내 것이 아니다.

동화 속의 인물들 중에 내가 가장 좋아하는 인물은 '바보 이반'이다. 우직하게 바보처럼 살아가는 이반에겐 술수가 통하지 않는다. 어떤 위기도 이반을 쓰러뜨릴 수는 없다. 시련과 위기는 오히려 그를 더욱 강한 사람으로 만드는 것을 볼 수 있다. 위기를 모면하기 위한 술수나 잔꾀는 해결책이 아니라 더 큰 위기를 불러올 뿐이다. 일시 도움이 되는 것 같아도 결국은 솔직하지 못했던 것으로 인해 무너지게 된다. 욕심에 끌려 정직한 수고를 외면하면 시련 앞에서 강한 자가 될 수 없다.

시련이 닥쳤을 때 그것을 대하는 태도에 따라 두 부류의 사람으로 나눌 수가 있다. 비관적으로 받아들여 좌절하는 사람과 낙관적으로 받아들여 극복해가는 사람이다. 같은 시련이지만 정반대의 관점을 가진 탓에 전혀 다른 결과를 가져오게 된다. 긍정의 마음을 지닌 자가 승리하는 것은 당연한 이치이다. 땀 흘리기를 두려워하면 긍정의 마음을 가질 수 없다. 수고할 마음이 없으면서 긍정의 마음을 가진다는 것은 불가능한 일이다. 땀 흘릴 각오만 된다면 어떤 시련 앞에서도 두려움 없이 헤쳐 나가는 의지가 불타오르게 된다.

낙관적인 사람에게 시련이 닥쳤을 때 처음에는 잠시 흔들릴 수 있으나 곧 바로 '다 나쁜 것은 아냐!' 시련의 터널을 통과할 때에는 '그래, 좋은 것도 있네!' 시련이 지나고 나면 '다 좋았다!' 하며 마음이 흘러가는 모습을 그릴 수 있다. 긍정적인 사람들에게서 볼 수 있는 공통점이다. 성경 로마서에 '모든 것이 합력하여 선을 이루느니라.' 마음 깊이 와 닿는 말이다. 다른 종교의 경전에도 같은 의미의 글들이 있으리라 생각한다. 왜? 인생을 살아가는 데 진리이니까. 시련 앞에서 쫓기듯이 허둥대거나 절망하지 말고 여유롭게 바라볼 수 있는 마음이 되어야 한다. 그렇게만 한다면 반드시 벗어나는 길을 찾을 수 있고 더 많은 것을 이룰 수도 있다.

'모든 벽은 문이다.'

어려움이 닥칠 때마다 마음속에 떠오르는 정호승 시인의 글귀이다.

희망은 절망 가운데서 피어오른다. 그것은 아지랑이와 같아서 그것을 볼 수 있는 사람이 있고 보지 못하고 무너지는 사람이 있다. 세상살이가 쉽지 않은 것은 사실이다. 그러나 한 발 한 발 내딛는 걸음이 삶의 진실이란 바탕 위에 있을 때 잠시 미끄러질 수는 있어도 아주 무너지지는 않는다. 쓰러지고 일어서기를 반복하다 보면 근육이

붙고 더 힘찬 걸음으로 나아갈 수 있다. '바르게 살아도 성공할 수 있다.'는 데릭 벨의 말이 우리 모두의 가슴에 심어졌으면 하는 마음이다.

   지금까지 나는 잔잔한 시련 속에서 자라왔고 그 시련들을 거치면서 흔들리는 날도 있었지만 긍정의 마음으로 여기까지 올 수 있었던 나의 운명에 대해 고맙게 생각한다. 아주 보잘 것 없고 초라하던 내가 이만큼 여유로워졌으니 말이다.

마음으로 여는 창

행복의 실마리

할머니 한분이 진찰실로 들어와 의자에 앉자마자 눈물을 줄줄 흘리시며 하소연을 하셨다. 은행원이었던 남편이 젊은 시절에 사고를 당해 중증장애가 오는 바람에 평생 동안 남편을 수발하며 힘겹게 살아오셨다고 했다. 잠시도 할아버지의 곁을 떠날 수가 없어 자신은 몸이 아파도 치료받을 생각조차 못하다가 큰 맘 먹고 찾아오신 것이라 했다. 절망감과 우울증에 빠져 모든 의욕을 상실한 할머니를 위로해드릴 말이 없었다. 고통 속에 평생을 살아오셨는데 이제는 자신의 아픈 몸조차 돌볼 시간이 없으시다니….

'이렇게 박복한 삶도 있단 말인가!' 할머니의 사정이 너무 딱해 '할머니의 행복은 어디서 찾을 수 있을까?' 한참을 생각다가 "자녀들은 어떠세요?" 하고 조심스레 말을 건넸다. 그랬더니 갑자기 표정이 밝아지면서 "장성하여 모두 제 앞가림은 하고 있습니다." 하면서 아들 형제를 두었는데 잘 자라주어서 고맙다고 하셨다. 지금은 서울에서 바쁘게 살아가고 있단다. '좋은 것이 정말 하나도 없으면 어떡하나?' 하고 졸이고 있던 내 마음이 할머니의 말 한마디에 한결 가벼워졌다. "그처럼 어려운 중에 자녀를 그렇게 키우셨다니 참 다행이네요. 할머니도 이젠 힘내세요!" 하고 말씀을 드렸다.

아무리 힘든 삶이라 해도 그 삶 어딘가에는 행복의 실마리가 숨겨져 있다. 그 감춰진 실마리를 찾을 수만 있다면 그것이 끈이 되어 더 좋은 일들이 일어날 수 있지 않을까? 모든 것을 절망적이라 단정하고 포기해 버린다면 정말로 불행한 삶을 보내야 할지도 모른다. 인생은 다 나쁜 것이 아니다.

가난한 농부의 아들로 태어나 대한민국 의사들 중 유일하게 의사 면허증 들고 위생병으로 군대 3년을 보냈다. 동기들이 중위, 대위였을 때 나는 이등병, 일병을 거쳐 상병으로 전역을 하였다. 하지만 그것이 나를 무너뜨리지 못하였고 나를 좌절시킬 수 없었다. 열등감이 내 마음을 휘감고 있을 때 거기가 나의 끝이 아니었고 그것이 나를 실패자의 길로 들어서게 할 수는 없었다. 처해진 환경 속에서 매 순간 최선을 다하려 노력했고 주어진 일에 매진하였다.

그러는 가운데 내 얼굴에서 그늘이 사라졌고, 열등감도 간 곳이 없었으며, 밝은 표정과 환한 웃음으로 사람들을 대할 수 있게 되었다. 이제 누가 나에게서 지난날의 그늘을 찾을 수 있겠는가? 내게 닥쳤던 일들이 오히려 내가 딛고 일어설 든든한 발판이 되었으며 나로 하여금 희망을 꿈꿀 수 있게 하였다. 그 모든 것들이 당시로서는 견디기 힘든 일이었고 불행인줄 알았지만 한순간 지나가는 바람 같은 것이었다.

지금까지 살아오면서 나보다 훨씬 더 큰 불행과 어려움에 빠진 이들을 많이 보아왔다. 그럼에도 그들이 절망의 늪에서 용케 빠져나오는 모습들을 지켜보면서 나는 감탄하지 않을 수 없었다.

세상에 쉬운 일은 없다. 무슨 일이든 그것을 이루기 위해서는 그에 합당한 수고를 해야만 한다. 어떤 어려움 속에서도 절망하지 않고 희망의 끈을 잡고 노력하다 보면 새로운 길이 열린다. 세상에 저절로 되는 일은 없다. 내가 걸어가야 할 길은 내가 만들어 가는 것이다. 누군가가 내 앞에 비단을 깔아주기를 기대하지 마라. 내 앞에 자갈길이 있다고 투덜대지도 마라. 스스로 헤치고 나아가야 한다. 바로 나아갈 수 없는 길이라면 돌아서라도 가야 한다. 힘한 자갈길이나 가시밭길이라 해서 물러서려고만 한다면 한발자국도 나아갈 수 없다. 공짜로 주어지는 요행은 없다. 땀 흘리는 자에게만 주어지는 것이 요행이다.

진료실을 나가는 할머니의 표정이 들어오실 때보다 한결 밝아 보였다.

 '할머니, 힘내세요. 할머니에게는 잘 자란 아들들이 있고 그들은 할머니의 마음을 알 거예요.'

 할머니는 그 어떤 삶보다 힘들게 살아오셨지만 그 속에서 일군 할머니의 열매는 어떤 성공보다 값지다는 사실을 아셨으면 좋겠다.

 아무리 힘든 인생이라 해도 누구나 하나는 좋은 것을 누릴 권리가 있다. 다만 숨겨진 그 하나를 찾지 못하여 완전한 절망으로 빠져드는 일이 없었으면 좋겠다. 가끔씩이라도 그 좋은 하나, 행복의 실마리를 찾을 수만 있다면 마음속에 웃음을 떠올릴 수 있고 삶이 그렇게 곤궁하지는 않으리라.

영원한 시간의 흐름 속에서
- 유언처럼 쓰는 글 -

　　나는 매일 조금씩 유언처럼 글을 써 볼 생각이다. 언제 세상을 떠날지라도 지금 내가 살아있다는 사실에 대해 마지막 말을 한다는 심정으로 글을 쓰고 싶다.
　나의 글이 후회를 기록한 글이 아니라 내 인생의 가장 소중한 부분에 대해 남기는 글이 되기를 원한다. 내 글이 누군가에게 읽히건, 아니건 그것은 기회의 문제이고 나는 다만 나 자신에게 마지막 도리를 다하기 위해 쓸 것이다. 지금까지 내 삶의 여정을 아주 객관적인 관점에서 글로 남길 수 있기를 원한다. 나 자신에게 하고 싶은 말이 대부분이고 내가 사랑하는 이들에게도 한번쯤 자신을 돌아보는 계기가 되었으면 좋겠다. 나의 글이 언제 중단될지는 알 수 없어도 어느 순간에 쓴 글이 내 마지막 말이 될 것이다. 오늘 아침 이런 생각과 함께 내 마음속엔 살아온 날들과 앞으로 펼쳐질 날들에 대해 새로운 빛깔을 입히는 느낌이 든다. 밝은 연초록빛인가 하였더니 어느새 붉게 물드는 저녁노을처럼 바뀌고 있다. 곧 이어 회색빛 그늘이 드리우겠지.

같은 나이인데 이미 오래 전에 세상을 떠난 친구도 있고 최근에 떠나간 친구들도 있다. 그들에 비하면 지금 나는 몸도 마음도 괜찮은 편이고 전과 다름없이 의사로서 내가 좋아하는 일을 하면서 살아가는 중이다. 하지만 지난 세월을 돌아보면 내 인생은 그렇게 순탄한 삶은 아니었다. 생존을 위한 도구로 몸과 마음을 혹사하며 보낸 날들이 많았고, 위기를 모면하기 위해 숨 가쁘게 달려온 날들도 있었다. 조금은 더 성실하고 진실 되게 살아보려고 애를 썼던 것은 사실이나 삶의 의미를 깨닫기에는 부족함이 많았다. 생각 없이 몸만 바람에 흔들리는 허수아비처럼 살아온 것도 같다. 그래도 여기까지 올 수 있었다는 것은 커다란 행운이라 생각한다.

이제 인생의 의미를 돌아보아야 할 때가 되었다. 지금까지의 삶 전부가 나의 뜻에 의해 이루어진 것이 아니듯이 앞으로의 삶 또한 억지로 욕심낸다 하여 크게 이룰 수 있는 것은 아니다. 다만 삶의 의미를 생각하며 매 순간을 알차고 보람 있게 보내다가 내 인생의 마침표를 찍고 싶다. 한 뼘도 되지 않은 내 남은 날들을 마음의 여유를

마음으로 여는 창

누리며 살아갈 수 있으면 참 좋겠다.

아쉬움이 하나 있다면 알게 모르게 나를 아껴주고 힘이 되어준 분들에게 마음의 빚을 다 갚지 못하고 떠나야 한다는 사실이다. '인덕이 있으리라'던 어머니의 말씀처럼 나는 혼자서 살아온 것이 아니었다. 누군가가 뒤에서 나를 도와주었고 내게 격려를 보내고는 했었다. 내 인생에서 일어난 전환점은 모두 그분들이 보낸 도움의 손길이 내게 머무는 순간에 이루어졌음을 알고 있다.

우주의 시간이란 영원한 시간의 흐름 속에서 찰나에도 미치지 못하는 점 하나를 찍고 가는 것이 인생이다. 그러나 그것이 아무리 짧은 순간이라 할지라도 그 모든 순간이 각각의 의미와 가치를 지녔기에 결코 소홀히 여길 수는 없다. 더구나 한 생을 보내고 마무리를 앞둔 이 시점은 내 인생에서 가장 소중한 순간일 수도 있다.

이제 남은 시간을 내가 꿈꾸던 빛깔로 마무리할 수 있기를 원한다. 석양에 붉게 물드는 저녁노을처럼 곱게 저물었으면 좋겠다. 다시는 떠오르지 않을 나의 인생이기에 스스로 여한이 없고, 바라보는 이들에게 여운이라도 남길 수 있다면 더 바랄 것은 없다. 그리하여 그들의 마음속에 사라진 노을처럼 하나의 추억이 될 수 있기를 기대해 본다. 모든 것을 글 속에 담은 후에 나는 자연의 품으로 돌아가리라.

산길을 걸을 때는

　　산길을 걸을 때는 용사의 발길처럼 힘차게 오르는 것보다 가벼운 걸음으로 천천히 오르는 것이 좋다. 등에는 아무 짐도 지지 말고 그냥 빈손에 가벼운 복장으로 사랑하는 사람과 함께 오르는 것이 좋다. 아니면 혼자라도 좋다. 비 오는 날이라도 좋고 바람 부는 날이라도 좋다. 추운 겨울날이라도 좋고 무더운 여름날이라도 좋다. 새싹이 돋아나는 봄날이거나 맑은 가을날이라면 더욱 좋다. 마음이 내키는 날에는 언제나 산을 오른다.

　　무리를 이루지 말고, 큰 소리를 내지도 말고, 많은 말을 하지도 말고, 오직 눈과 귀를 열고 마음을 풀어헤치고 푸른 숲 속 오솔길을 걷는다. '쏴아-' 하는 바람 소리에 실려 오는 솔향기를 맡으면서 지저

귀는 새소리에 귀를 기울이고 아늑한 경치 속에 마음을 적시면서 걷는다. 가볍게 떨어지는 가랑잎 소리와 나무 위를 타고 오르는 다람쥐의 발길을 느낄 수 있을 만큼 가만히 소리죽여 걷는다.

자연의 모습을 보며 걷는다. 자연의 소리를 들으면서 걷는다. 자연의 향기를 맡으면서 걷는다. 자연의 모습은 눈의 피로를 풀어주고, 자연의 소리는 마음을 시원하게 하며, 자연의 향기는 머리를 맑게 한다. 때로는 피곤하고 혼탁해진 마음으로 산길을 걷다보면 어디선가 새로운 힘이 솟아나는 것을 느낄 수가 있다. 무겁던 발걸음이 가벼워지고 어둡던 마음속의 구름이 걷히는 것을 알게 된다.

어디까지 오른다는 목표를 정하지도 말고, 얼마나 오래 머문다는 계획을 세우지도 말고, 몸에 땀이 흐르도록 힘들게도 말고, 그냥 가는 곳까지 가다가 서로 마음이 통하면 어디쯤 걸터앉아 쉬다가 걷다가 마음이 충만해질 때쯤 산을 내려오면 된다. 서로가 말은 하지 않아도 막혔던 마음의 통로가 열리고 함께하는 순간의 소중함을 깨닫게 된다. 산길을 걷다보면 피곤하던 세상살이 중에도 아름다운 날들이 있음을 기쁘하게 된다.

자연이 우리에게 주는 최고의 선물은 우리가 자연 속에 묻혀서 살아갈 수 있게 한다는 것이다.

저녁엔 읽고 아침엔 쓴다

저녁마다 인터넷을 통해 뉴스를 뒤지면서 시간을 보내고는 했었다. 세상 돌아가는 소식이 궁금했기 때문이다. 그러면서 마음은 파도에 흔들리는 일엽편주처럼 갈피를 잡을 수가 없었다. 잔물결에도 일렁거리기 일쑤였고 광풍노도에 휩쓸리는 날도 많았다. 흔들리는 마음을 잠재우지 못하면 난파선처럼 침몰하는 신세가 될 것 같았다.

삶을 바꾸기 위해서는 뭔가를 해야겠다는 생각이 들었다. 명경지수 같은 마음으로 세상을 살다간 선인들의 지혜를 배우고 싶었다. 밀려오는 세파에도 흔들리지 않고 꿋꿋이 살아갈 수 있었던 비결은 무엇일까? 세상이 혼란스럽기는 지난 세월이라 하여 크게 다르지 않았으리라. 다만 좀 더 혼란스러운 시절들이 있었고 지금이 또한 그러한 때라 여겨진다. 앞으로도 혼란이 세상을 지배할 것이라 생각하면 무거워지는 마음을 다스리기 어렵다.

　음악이나 미술을 가까이하는 것은 마음을 정화시키고 삶에 활력을 불어넣을 수 있다. 혼잡한 세상을 벗어나 자연을 돌아보며 휴식을 취하는 것은 상한 마음이 치유되고 세상과 맞서는 용기를 불러올 수도 있다. 마음을 살찌우고 바른 생각과 뜻으로 자신을 지키는 데는 독서와 글쓰기가 제일이 아닐까 싶다. 세상을 올곧게 살아간 사람들의 글을 읽으면 사고의 깊이가 더해지고 마음에 닿는 생각들을 글로 풀어낸다면 허물어지던 마음도 굳게 다져지리라.

　일찍 눈이 뜨여지는 아침에 책을 펴면 노안으로 인해 글자가 아물거려 눈에 잘 들어오지 않는다. 다행히 컴퓨터를 켜면 밝은 화면 덕분에 글자가 선명하게 눈에 들어온다. 자판을 두드리는데 아무런 문제가 없다. 굵직하게 잉크가 흘러나오는 만년필로 글을 쓰는 것도 가능하다. 하지만 저녁에는 맨눈으로 책을 읽어도 어려움이 없다. 대여섯 권의 책을 머리맡에 놓아두고 마음 가는 대로 집어서 읽다가 잠이 드는 것도 괜찮은 버릇인 것 같다. 그래서 아침에는 글을 쓰고 저녁에는 책을 읽기로 했다. 덕분에 오래전에 중단하였던 일기쓰기도 다시 시작하게 되었다.

　책을 읽는 것은 조용한 항구에 마음의 닻을 내리는 것과 같다. 독서를 통해 폭넓고 합리적인 사고를 하게 될 뿐 아니라 마음이 평온해지는 것을 경험할 수 있다. 잘 알려진 고전이거나 진지하면서도 열정적으로 세상을 살아온 사람들의 글을 읽는 것이 좋다. 세상의 험한 풍랑 속에서도 온전히 자신을 지켜온 그들의 생각과 삶의 지혜가 책 속에 담겨 있기 때문이다. 글을 쓰는 순간마다 자신의 전부를 짜내듯이 쏟아낸 글이라 생각하면 어느 책도 가볍게 보아 넘길 수는 없다.

다만 명리를 탐하는 이들의 글이나 삶이 따르지 않고 기교에 치우친 속인들의 글은 피하는 것이 좋다. 비록 유명인사의 글이라 할지라도 그들의 삶이 그러하듯이 진심이 담기지 않고 마음을 어지럽히는 생각들로 채워진 수가 많다.

얼굴에 묻은 검불을 제거하기 위해 거울을 들여다보듯, 마음의 때를 씻어내기 위해서는 자신의 마음속을 자주 들여다보아야 한다. 속세에 몸을 담고 있는 사람으로서 자신의 마음을 가장 잘 들여다볼 수 있는 비결은 전심을 다하는 글쓰기라 할 수 있다. 마음 깊은 곳까지 내려가 보지 않고서는 제대로 된 글이 나올 수 없기 때문이다. 글을 쓰다 보면 이슬처럼 투명한 방울이 마음속에 맺히고 그것이 손끝을 통해 흘러나오는 느낌을 받을 때가 있다. 때로는 글을 쓰는 손끝까지도 맑아지는 느낌이 든다. 마음이 정화되어 순백의 나로 돌아가는 시간이며, 나 자신을 위한 절정의 순간임을 깨닫게 된다.

글쓰기에 있어서도 자기 자신은 돌아보지 않고 밖으로만 눈을 돌리며 진실을 외면하고 화려한 수사와 궤변으로 쓴 글들은 오물과 같

마음으로 여는 창

아서 스스로를 속이고 부끄럽게 할 뿐 아니라 세상을 혼란스럽게 만들 수도 있다.

'저녁엔 읽고 아침엔 쓴다.'

바쁘게 돌아가는 세상살이 중에 나 자신을 위해 누릴 수 있는 가장 소중한 시간임을 기억한다. 읽고, 생각하고, 글을 쓰면서 나의 마음을 다져 가리라. 이 세상 모두를 지킬 수는 없지만 내 마음만은 내가 지킬 수 있기를 바라면서.

코로나-19로 인해 얻는 것

코로나-19가 인류에 대한 공격을 시작한 지 일 년이 지났다. 처음에는 온 세상이 암흑 속으로 빠져든 느낌이었다. 그러나 이젠 어느 정도 정신을 차릴 마음의 여유를 갖게 되었다. 콧등이 부풀고 귀가 아프고 숨을 틀어막을 것 같았던 마스크 착용도 이젠 크게 불편하지가 않다. 손 씻는 것도 습관이 되었고 거리두기는 당연한 일로 받아들여진다. 다만 사람과의 사이에 생긴 벽이 마음을 무겁게 하고 계절 따라 변하는 자연의 흐름을 멀리하게 된 것이 많이 아쉽다.

지금까지 겪어보지 못한 슬픔과 절망감 속에서 겨울보다 더 혹독한 계절들을 보내야 했다. 모든 것을 잃어버린 느낌이었다. 그런데 지나고 보니 지난 일 년이 겨울만 있었던 것은 아니었다. 동토의 땅이 된 줄 알았던 이 땅에 새로운 봄이 움트는 것을 느낀다. 한없이 무겁던 마음에 봄기운이 다시 살아나는 것을 알 수 있다.

바쁜 생활로 인해 자신을 돌아볼 마음의 여유를 내기가 어려웠다. 그러던 중 코로나-19 덕분(?)에 나 자신을 좀 더 깊이 돌아볼 수 있게 되었다. 살아있는 순간의 의미를 마음에 새겨보는 것은 자신의 존재에 의미를 더하는 일이다. 자신을 돌아본다는 것은 나 자신이 새로워지는 일이다. 낮이면 코로나 환자가 다녀갈까 종일 긴장된 마음으로 진료실을 지키며 힘들게 보낸 날들이었지만 나 자신이 성숙해지는 시기였다고 해도 좋을 것 같다. 자신을 돌아보면서 인생의 또 다른 가치를 알게 된 시간이었다.

어려움이 닥치면 숨겨진 본성을 드러내는 사람들이 많다. 감춰져 있던 자신의 본 모습이 긴박한 순간에 겉으로 드러나는 것이다. 코로나사태 발생 이후 그 동안 몰랐던 사람들의 진실이 밝혀지는 것을 많이 보았다. 아름다운 사람들을 보았고 신뢰가 무너지는 사람들을 보았다. 자기의 이익만 추구하며 욕심을 따라 사는 사람들로 인해 세상이 혼란 속으로 빠지는 것도 지켜보았다. 내가 원하는 것만 추구한다면 행복한 세상이 될 수 없다.

내가 원하고 세상도 함께 원하는 것을 추구해야 한다. 잔잔하게 흐르는 마음의 물결을 따라 사는 것이 비결인 것 같다. 부나방처럼 무리하게 뛰어드는 욕심을 버려야 한다. 내가 있는 곳이 세상의 빈자리를 메우는 곳이라면 더 바랄 것이 없다.

젊은 날의 방황과 시련은 내게 세상을 좀 더 넓게 바라볼 수 있는 시야를 열어주었고 인생을 몰입하며 살아갈 수 있게 하였다. 덕분에 지금까지 나는 일에 묻혀 외길 인생을 살아왔으나 즐기면서 살아온 셈이다. 당연히 후회는 없지만 그래도 아쉬움은 남는다. 이젠 지나온 삶을 조용히 정리하며 마무리를 지어야 할 때라 생각한다. 좀 더 가치 있는 삶으로 매듭짓는 일이 남아 있다. 그리고 살아온 인생경험을 나누는 것도 내게 주어진 하나의 과제라 여겨진다.

틈틈이 책을 읽고 글을 쓰면서 마음을 가다듬는 것은 나 자신에게 의미를 새기고 하나의 작품을 완성해 가는 것과 같다. 내 마음속의 불순물이 걸러지고 순수한 하나의 결정체가 되어가는 일이다. 나이 일흔에 이런 시간을 얻었다는 게 큰 축복이 아닐 수 없다. 남은 날들을 더욱 의미 있게 살아가는 계기로 삼을 수 있기 때문이다. 코로나-19가 아니었다면 내 인생을 이처럼 돌아보진 못했을 것 같다. 참으로 다행한 일이다.

코로나-19가 물러갈 때쯤이면 우리 모두가 더 여물고 아름다운 모습이 되어 있기를 기대한다. 그때 우리는 값비싼 대가를 치른 것에 대해 감사하는 마음을 갖게 될 것이다. 육체적인 고통을 겪었고 정신적인 시달림도 많았으며 물질적으로도 많은 것을 잃었다. 당연히 뭔가를 얻는 것이 있어야 한다. 비싼 대가를 지불하고 공매를 맞는다는 것은 너무 억울한 일이다. 21세기 초반에 맞은 시련으로 인해 인류를 위한 새로운 전기가 마련되기를 기대해 본다.

건강을 위하여

　매일 저녁 한 시간씩 땀을 흘린 지 3년째로 접어들었다. 아주 오래전에 어쩔 수 없이 땀을 쏟아야 했던 날들이 있기는 했으나 내 스스로 이렇게 땀을 흘려보기는 처음이다.
　고향에서 중학교를 다닐 때까지 여름방학만 되면 무척 싫어하는 일 두 가지가 나를 기다리고 있었다. 하나는 보리타작이었는데 뜨거운 뙤약볕 속에서 보리가시를 뒤집어쓰고 비 오듯이 땀을 흘려야 하는 일이었다. 차가운 샘물을 길어다가 등목을 하여 몸을 식혀가면서 식구들과 함께 도리깨질을 했다. 또 하나는 콩밭의 풀을 뽑는 일이었는데 한낮의 태양을 머리에 이고 김매기를 하다보면 치솟는 땅의 열기로 숨이 막힐 것 같았다. 콩죽 같은 땀을 쏟다가 옷을 입은 채로 도랑물에 풍덩 뛰어들고는 했다.

그 이후로 땀을 많이 흘린 것은 군대에서였다. 대학을 졸업하고 의사면허까지 받았으나 연좌제에 걸려 무관후보생자격이 취소되어 사병으로 논산훈련소에 들어갔다. 계급장도 없는 훈련병 신세가 되어 '평시에 땀 한 방울은 전시에 피 한 방울과 같다'는 소대장의 훈시를 들으면서 각개훈련장에서 죽을힘을 다해 뛰고 굴러야 했다. 늦은 나이에 체력이 달려 '고문관' 소리를 들으면서 휴식시간도 없이 보충훈련에다 얼차려교육까지 받을 때는 하늘이 원망스러웠다. 이등병 막대기 하나를 달고 시작된 자대생활 첫해는 아무리 힘들어도 낮 근무는 참아낼 수 있었으나 야간에 겪는 육체적인 고통과 공포분위기는 정말로 견디기 어려웠다. 취침점호가 끝난 후 곧 바로 시작되는 상급자들의 단체기합 때문이었다. 각목이 부러지는 것은 예사였고 어떤 날은 내무반장인 선임하사가 휘두르던 칼빈소총의 개머리판이 부러지기도 했다. 무차별 구타를 당하는 동료들 옆에서 '엎드려 뻗쳐'를 하다 보면 허리가 끊어지는 것 같았고 땀으로 바닥을 흥건히 적시고는 했다. 성한 몸으로 제대할 수 있으면 다행이란 생각이 들었다. 그 외에도 해마다 5박6일간의 유격훈련을 다녀올 때면 종일 땀으로 목욕을 했다. 저수지 옆 산속에서 혹시 모를 전시의 생존훈련을 하던 기억을 지금도 가끔 떠올리고는 한다. 빼어난 경치를 자랑하던 대아리 저수지가 40년이 흐른 지금은 어떻게 변했는지 생전에 꼭 한 번 찾아보고 싶다.

그 후 지금까지 피가 마를 만큼 가슴 졸이는 일은 있어도 땀 흘리며 일하는 직업이 아니기에 40년을 줄곧 몸을 말리면서 살아온 셈이다. 병든 몸으로 고생하는 환자들을 보면서 건강을 챙겨야겠다는 생각은 진작부터 들었으나 바쁘다는 핑계로 내 몸 하나 지키지를 못했었다. 결국 오른쪽 목 디스크가 먼저 오고, 얼마 후에는 왼쪽 어깨 관절에 물이 고이는 사태까지 왔다. 운전하기 어려울 만큼 허리가 아픈 적도 있었다. 하루 종일 의자에 앉아서 보내야 했기 때문에 다리근육은 말린 명태 같았고, 그대로 시간이 흐르면 남은 생애가 구부정한 허리로 비틀거리는 날들이 될 것 같았다.

벼르던 끝에 76만원을 주고 튼튼한 실내자전거 하나를 구입하였다. 아내를 비롯한 주위사람들로부터 '빨래걸이를 하나 장만하는 게 아닌가?' 하는 의혹의 눈초리를 받으면서. 그런데 이제는 모두가 감탄을 한다. 한 해가 지나고 두 해를 넘기자 '지금까지 타고 있느냐!'고 놀라는 사람들도 있다. 헬스클럽도 아닌 집에서 혼자 매일 자전거를 탄다는 게 쉽지 않은가 보다. 종일 환자들과 씨름 하다가 늦은 저녁을 먹고 자전거에 몸을 싣는 것이 내게도 쉬운 일은 아니었다. 하루쯤 건너뛰어도 될 이유는 생기기 마련이고, 타다 보면 금방 지쳐서 내려오고 싶을 때도 많았다. 하지만 한번 중단하면 다시 시작하기는 더더욱 어려운 일이고, 몸은 고사목처럼 변해갈 것이 뻔해 그만 둘 수가 없었다.

마음으로 여는 창

심장박동이 분당 100회를 지나 110회를 넘어서면 자전거에 속도를 붙이는 것이 한결 수월해진다. 120회가 되면 마음껏 페달을 밟아도 몸에 무리가 오지 않는 것을 알 수 있다. 처음 심장박동이 130회를 넘나들 때는 '가슴에 이상신호가 오지 않을까?' 염려가 되기도 했으나 지금은 '아직 내 심장이 쓸 만한가 보다.' 하는 자신감마저 생겼다. 이렇게 하여 60분 정도를 타면 달린 거리는 22km, 소모된 열량은 500kcal를 채우게 된다. 그 사이 체중은 7kg이 빠져서 170cm의 키에 몸무게 65kg를 유지하고 있다. 처음에는 30분을 타서 100kcal를 소모하는 것도 버거웠으나 조금씩 운동량을 늘려서 지금에 이른 것이다. 무리하지 않고 서서히 강도를 높인 것이 운동을 지속할 수 있는 비결이었던 것 같다. 앞으로 더 늘일 생각은 없고 지금 정도로 계속할 예정인데 나이가 들어도 가능할지는 알 수 없다. 큰 변수만 없다면 이 세상을 마치는 날까지 내 몸 하나는 건사할 수 있을 것 같다.

자전거타기는 하체와 심폐기능만 단련되는 것 같아 아쉬운 마음에 아침에 다른 운동을 하나 더 하고 있다. 화장실에서 하는 '7분 운동'이다. '화장실 운동'이란 말이 더 적합할 것 같다. 좌변기에 앉아서 손끝을 어깨에 붙이고 팔을 앞에서 뒤로 회전시키는 운동을 250회 하고, 뒤에서 앞으로 돌리는 역회전운동을 250회 한다. 그 다음은 배 앞에다 두 손을 깍지 끼고 좌우로 허리 돌리기를 120회 하는 것으로 마무리한다.

　이 모든 과정이 7분이면 끝난다. 처음에는 50회씩 하다가 탄력이 붙으면서 횟수를 늘인 결과이다. 목 디스크 초기증상도 사라진 지 오래고 어깨관절도 더 이상 말썽을 부리지 않는다. '오십견'으로 고생할 일은 절대로 없을 것 같다. 배변활동도 수월해졌고, 구부정하던 자세가 바르게 펴진 것도 이 운동 덕분인 것 같다. 초등학교에 들어간 손녀를 번쩍 안아줄 수 있는 것도 덤으로 얻은 즐거움이다. 말하기는 좀 뭣해도 누구에게나 권하고 싶은 것이 '화장실 운동'이다. 의자에 앉아서도 할 수 있고 그냥 서서도 가능하다.

　매일 진료실을 찾는 대부분의 환자들이 나이가 드신 분들이라 망가진 몸으로 여생을 고통 속에 보내는 모습들을 볼 때마다 참으로 안타까운 마음이 들고는 한다. 오래 살기를 바라는 사람들이 많지만 건강하게 오래 사는 것이 무엇보다 중요하다는 사실을 기억했으면 좋겠다.

　며칠 전 대학동창회에서 주최한 영남알프스 등반대회에서 제일 선두그룹으로 정상을 찍고 내려왔다.

　(그렇게 시작한 운동이 어느새 8년째를 맞았다. 나이 일흔이지만 시간이 허락된다면 20km 단축마라톤에 도전해 볼 생각이다.)

마음으로 여는 창

덤으로 사는 인생

내 나이 지금 예순 여섯인데 큰 변수가 없다면 앞으로 30년 정도는 더 살지 않을까 싶다. 아버지가 아흔 두 살에 세상을 떠나셨고, 어머니는 지금 일백한 살로 내 고향인 시골마을의 최장수 노인이 되셨다. 당연히 나는 장수집안의 유전자를 타고난 셈이다.

돌이켜 보면 우리 집안은 원래 장수집안이 아니었다. 어릴 적부터 우리 형제들은 부모님으로부터 '우리는 환갑을 못 넘긴다.'는 말을 수도 없이 들으면서 자랐다. 나의 친할아버지와 할머니는 환갑도 되기 훨씬 전에 돌아가셨고, 외할머니 역시 너무 일찍 돌아가셔서 나는 이분들의 얼굴을 뵌 적이 없다. 그 윗대 어른들도 오래 사신 분은 없었던 것 같다. 단명한 집안에서 장수집안으로 바뀐 것은 아버지대에 들어와서 된 일이다. 만약 부모님께서 일찍 돌아가셨더라면 아마 나도 일찍 세상을 떠날 것이라 생각하며 살아왔을 것이다. 하지만 나는 이미 나의 할아버지, 할머니보다 10년은 더 오래 살았으니 충분히 장수를 누리고 있는 셈이다. 어찌됐건 생활환경이 좋아지고 의술이 발달한 세상에 태어난 덕분이다.

6·25직후에 시골에서 태어나 보릿고개를 넘기면서 자란 내가 지금까지 살아있다는 사실만으로도 행운이라 할 수 있다. 6남매 중에 병치레를 가장 많이 했고, 설사병에 걸려 죽을 고비를 몇 차례 넘기다 보니 초등학교도 두 해나 늦게 들어가야만 했다. 그 후로도 수년 동안 영양실조와 잔병치레에 시달리고는 했다. 걸핏하면 체하고 잘 토했는데 초등학교 4학년 때는 수업시간에 교실 바닥에다 구토를 하여 급우들을 아주 난처하게 만들기도 했다. 얼굴이 검어서 열등감이 많았는데 얼굴 곳곳에 마른버짐(곰팡이)이 하얗게 피는 것을 보고 '빨리 얼굴 전체로 퍼져 나도 흰 얼굴이 되었으면!'하고 간절히 바란 적도 있었다.

만약 내가 수십 년 더 일찍 이 세상에 태어났더라면 어떻게 되었을까? 이번 생처럼 요행이 따라주어 아주 어릴 적 고비는 무사히 넘겼다 할지라도 마흔세 살을 넘기지는 못했을 것 같다. 갑자기 대장에 원인불명의 궤양이 생겨 천공을 일으키는 바람에 응급수술을 받아야 했고, 그 후유증으로 장유착증이 발생하여 물 한 모금 마시지

마음으로 여는 창

못하고 링거액으로 한 달을 버텨야 했다. 겨우 회복이 되는가 싶었는데 곧 바로 급성간염에 걸려서 다섯 달을 아슬아슬하게 보냈더니 나중에는 내가 죽었다는 소문이 파다하게 퍼져 있었다. 옛날 같았으면 진작 목숨을 잃고도 남았을 일이었다.

그 후로는 건강에 별 탈 없이 잘 지내왔는데 근래에 새로운 문제가 하나 생겼다. 최근 2년 사이에 담석이 여러 개 생겨 담도를 막고 담낭염을 일으키는 바람에 두 차례나 고생을 했기 때문이다. 언제 다시 통증을 일으켜 밤을 새우게 될지, 여차하면 병원으로 달려가야 하고 시간이 허락된다면 미리 수술을 받는 것이 좋겠지만 사정이 여의치가 않다. 복강경수술로 간단히 마무리할 수 있으면 좋겠는데 23년 전 장절제술 후에 유착증이 심하게 왔던 터라 다시 배를 활짝 열어야 할 가능성이 높다. 이미 오른 쪽 아랫배에 22cm짜리 긴 흉터가 있는데 비슷한 크기의 흉터를 하나 더 만들어야 하지 않을까 싶다.

하지만 담석증이 다소 부담스럽기는 해도 의학적 판단으로 생명을 위협할 병이라 할 수는 없으니 잘만 하면 아버지만큼, 아니 조금 더 욕심을 낸다면 어머니보다 더 오래 사는 것도 기대해 볼 만 하다. 나는 아버지처럼 담배를 피우지도 않았고, 두 분처럼 종일 뙤약볕 속에서 몸을 굴리며 살아오지도 않았다. 온몸의 관절이 망가지도록 몸을 혹사하여 평생을 고통 속에 보내신 부모님처럼 몸이 삐걱거리지도 않는다. 적당한 영양섭취와 신체적인 무리를 하지 않고 살아온 덕분에 조금 불편한 구석들이 있기는 하지만 200개가 넘는 내 몸의 관절과 대부분의 장기는 여전히 제 역할을 하고 있다. 지금 스스로 느끼는 내 몸의 상태는 최상이라 해도 좋다.

지금까지 정신없이 바쁘게 살아오다 보니 앞뒤를 재어보지 못하고 무한세월이 내 앞에 놓여있는 줄 알았는데 이제야 지나온 삶을 돌아보게 된다. 지금까지 내 인생은 덤으로 살아온 세월만도 23년인데 앞으로 얼마나 더 잉여인생을 보내게 될지 모르겠다. 그동안 아쉬운 일, 후회할 일, 크게 잘못한 일은 없었는지도 살펴보게 된다. 다른 사람에게 큰 해를 끼친 적이 없고, 크게 후회할 일이 떠오르지 않는다는 게 다행이라 할 수 있다. 누군가는 내게 상처받은 일로 마음을 추스르며 살아가고 있을지도 모르지만 말이다. 그러나 열심히 살아온 것으로 위로를 삼으면서도 아쉬움이 남는 것은 사실이다. 선택의 폭이 많이 좁았기에 외통수 길을 거의 앞만 보고 달려온 것 같다. 그러다 보니 부득이하게 떠밀리듯 살아온 날들도 많았다. 하지만 이미 지나간 세월인데 되돌릴 수는 없다.

그렇다면 이제부터 남은 날들은 어떻게 해야 할까? 70을 바라보는 나이에 삶의 목적을 정한다는 게 새삼스런 일이기는 하다. 그러나 10년이 될지, 20년이 될지, 혹은 그보다 더 오래거나 아니면 그보다 훨씬 짧은 날들이 주어진다 해도 아무렇게나 사는 것 보다는

마음으로 여는 창

의미가 있을 것 같다. 그렇다면 어떻게 살아갈 것인가? 아니, 무엇을 위해 살아갈 것인가?

그 동안 마음은 있어도 시간을 내지 못했던 것, 옳다고 생각은 하면서도 실천에 옮기지 않았던 것, 마음에 심어두고도 미뤄놨던 일들을 하나씩 실행해 가야겠다. 그러다가 마지막 날이 오면 새로운 길 떠나는 기분으로 기꺼이 떠나리라. 그것이 어느 순간이 될지라도 흘러간 시간에 대해 미련은 두지 말자.

좋은 아침, 좋은 만남

아침에 눈을 뜨는 순간 머릿속에 가장 먼저 떠오르는 생각은?

'아! 힘든 하루가 또 시작되는구나. 이 지긋지긋한 생활을 언제 면하지?' 이런 생각이 든다면 그 순간부터 하루와의 지루한 싸움을 벌여야 한다. 사나운 짐승 같은 하루가 눈앞에 버티고 있는데 도망가고 싶은 마음이 들지 않을 수 없다. 즐거움은 고사하고 그렇게 살아가는 모든 날들은 고통과 허무로 채워지게 될 것이다.

'아! 새로운 하루가 또 시작되는구나. 어떻게 오늘 하루를 알차게 보내지?' 이런 마음으로 맞는 아침이라면 그날 하루는 즐거움이 넘치게 될 것이다. 설혹 힘든 일이 닥치더라도 두려움을 떨치고 기꺼운 마음으로 감당해낼 수 있다. 그렇게 살아가는 모든 날들은 기쁨과 의미로 채워지지 않을 수 없다.

우리에겐 24시간이란 동일한 길이의 하루가 주어진다. 하지만 같은 스물네 시간이라 해도 그 쓰임새와 가치는 사람마다 차이가 나는 것을 볼 수 있다. 설레는 마음으로 알차게 보내는 사람이 있는가 하면 지루한 가운데 허송하며 보내는 사람도 있다. 보석같이 빛나는 것이 시간이라면 쓸모없이 버려지는 것도 시간이다. 어떻게 보내는가에 따라 그 시간을 통해 얻은 결실은 큰 차이가 나고 사람의 운명까지도 달라질 수 있다. 삶의 곳간에 값진 인생이 넘치도록 쌓이는가 하면 한없이 초라한 인생이 평생을 널브러져 있을 수도 있다.

하루의 의미와 가치는 아침에 눈을 뜨는 순간 결정된다고 해도 과언이 아니다. 지루하고 고통스런 시간이 될 것인가, 아니면 가슴 설레는 희망의 시간이 될 것인가? 힘들다 생각하면 괴로운 시간이 될 것이고, 즐겁다 생각하면 어려운 일도 가볍게 받아들일 수 있다. 즐겁고 보람찬 하루를 보내려면 생각을 바꿔야 한다. 나를 지배하는 것은 나의 생각이고, 그 생각을 지배하는 것은 나의 마음이다. 마음은 끊임없이 움직이는 생명체와 같아서 스스로 주인이 되어 그 흐름과 방향을 바꿀 수 있다. 나의 생각이 나의 시간을 좌우하고 나의 운명을 결정한다. '재미난 일이 뭐가 있어? 어제나 오늘이나 그날이 그날인데…'라며 자신을 제한하지 말아야 한다. 하루를 어떻게 보내는가는 자신에게 달린 일이다. '웃으면 복이 와요.' 지금보다 한참 어렵던 시절 즐겨 보던 TV드라마의 제목이다. 복이 오면 웃는 것이 아니라 웃으면 복이 온다. 마음으로 복을 불러들여야 한다. 아침에 눈을 뜨는 순간 즐겁고 기대하는 마음으로 시작하도록 마음훈련을 할 필요가 있다.

　일찍부터 서양에서는 아침인사가 '굿 모닝!'이었다. 그들은 어디서 누구를 만나든 아침인사로 '굿 모닝!'을 주고받는다. 워낙 흔히 사용하는 말이다 보니 무심결에 나오는 소리로 여겨질지도 모른다. 하지만 그 의미를 조금만 생각해보면 '굿 모닝!'이 얼마나 대단한 아침인사인지 알 수 있다. 긍정과 희망과 최고의 격려를 지닌 말이 '굿 모닝!'이다. '안녕하십니까?' 혹은 '진지 드셨습니까?'란 인사말은 밤새 안녕하였는지, 혹은 아침식사는 제대로 하였는지 지나간 안부를 묻는 말이다. 가난하고 어렵던 시절에는 매우 적합한 말이었다고 생각된다. 하지만 우리도 이젠 희망과 발전을 뜻하는 미래지향적인 '굿 모닝!'을 외쳐야 할 때라 생각한다. 아직은 어색하지만 우리말로 바꿔서 '좋은 아침!'이란 말이 우리 모두의 입에서 자연스럽게 나오게 된다면 우리의 운명과 역사가 달라질 수도 있다.

　아침에 눈을 뜨는 순간 나 자신에게 '좋은 아침!'이라 외친다. 그리고 가족과 만나는 모든 이에게 '좋은 아침!'으로 인사를 하며 '좋은 만남'으로 하루가 시작되기를 기대해 본다. 어둡고 무거운 기운은 모두 사라지고 밝고 가벼운 하루를 맞이할 수 있다.

마음으로 여는 창

뜻깊은 하루

어릴 적엔 시간의 흐름이 너무 느려서 불만이었다. 한시바삐 힘든 시간에서 벗어나고 싶었다. 그런데 언제부턴가 감당하기 어려울 만큼 시간의 속도가 빨라진다는 것을 알게 되었다. 천천히 흐르던 시간이 어떻게 그처럼 빨라질 수 있을까? 인생여정을 살아가면서 추억으로 마음을 가득 채우고 싶은데 종착역이 눈앞에 있다니 다급해질 수밖에 없다.

돌이켜보면 시간은 내게 수많은 기회를 제공해 주었고 차별 없이 나를 대하였으나 나는 시간의 흐름을 외면하고 살아온 날들이 많다. 좀 더 알차게 시간을 보냈더라면 좋았을 것을 그러지 못한 것이 아쉽다. 시간의 미끄럼틀 위를 얼떨결에 타고 내려온 느낌이다. 하지만 지난 시간을 이제 와서 후회한들 달라질 것은 없다. 새로운 시간, 새로운 기회를 소중히 여기는 일만 남아있다. 황혼의 날들을 알뜰하게 사용하는 지혜가 필요하다.

바쁘게 한 주일을 보내고 주말을 맞으면 마음이 느긋해지고 기대로 한껏 부풀어 오른다. 그러나 일요일 오후가 되면 마음이 초조해지는 현상 또한 자주 경험하는 일이다. 다가오는 한주일이 부담스러워지고 훌쩍 보내버린 주말에 대해 아쉬운 마음을 떨치기 어렵다. 흘러간 시간과 작별할 때는 미련을 갖지 말아야 한다. 지나간 시간을 후회하며 돌아보는 것은 어리석은 일이다. 주어진 시간을 즐겁게 보냈다면 그것으로 족하다. 아쉬운 마음은 가볍게 지워버리고 새로운 시간을 맞을 마음의 준비를 하는 것이 좋다. 남은 시간이 짧다는 생각도 할 필요가 없다. 중요한 것은 지금 이 순간을 어떻게 보내는가 하는 것이다.

시간은 벗이다. 평생을 나와 동행할 가장 좋은 벗이 시간이다. 기대와 보람으로 새로운 시작을 하여 마지막 순간까지 반가운 친구를 대하듯이 살아가는 것이 좋다. 벗을 험하게 다루거나 소홀히 여기지 말아야 한다. 모든 순간을 열심히 살고 자투리시간에도 읽고, 쓰고, 다듬으며 주어진 시간의 혜택을 마음껏 누려야 한다. 그리고 그 시간에 대해 감사와 고마움을 느낄 수 있으면 된다.

어쩌다가 아끼는 물건 하나라도 잃어버리면 가슴 한구석이 텅 빈

마음으로 여는 창

것처럼 허전한 마음으로 며칠을 보내야 한다. 그 빈 마음속 공간을 좀체 메울 수가 없다. 그러나 나는 수많은 시간을 허비하면서 살아왔지만 잃어버린 그 시간들이 얼마나 소중한지는 알지 못하였다. 화려한 경품 하나에는 쉽게 마음을 빼앗기면서도 흘러가는 시간에 대하여는 관심조차 두지 못하고 보낸 날들이 많았다. 넘치는 것이 시간인 줄 알았는데 잃어버린 시간은 되돌릴 수 없다는 것도 뒤늦게 깨달은 사실이다. 세상에서 시간보다 값지고 귀한 선물이 없다는 것도 지금에야 깨닫는다. 날마다 순간마다 시간의 소중함을 잊지 말아야 한다. 그렇게 살아갈 때 의미 있는 하루가 되고 만족한 삶을 누릴 수 있다.

"사람들은 보물을 찾아 헤매고 있다. '어디 가면 노다지가 있을까?' 하고 두루 살피고 있다. 그러나 보물은 우리 눈앞에 있다.

"현재의 이 시간은 더 없는 보물이다."

"하루를 유익하게 보낸 사람은 하루의 보물을 파낸 것이다."

필립 체이스필드의 말이다.

오늘 하루를 살아가기 위해 내 마음속에 다짐해야 할 세 가지 원칙을 정하여 날마다 실천해 나갈 생각이다.

첫째, '좋은 아침'으로 시작한다. 아침 첫 시간을 긍정의 마인드로 시작한다.

둘째, '좋은 만남'을 기대한다. 좋은 만남이 있기를 바라는 마음으로 집을 나선다.

셋째, 최선을 다하여 하루를 산다. 시간을 허비하는 일이 없도록 열심히 산다.

아침에 눈을 뜨는 순간 나 자신을 향해 '좋은 아침'을 외치고, '좋은 만남'을 기대하며 문을 나선다. 오늘 하루의 삶에 최선을 다하겠다는 각오를 다진다. '뜻 깊은 하루!' 머리에서 사라졌던 이 말을 다시 마음속에 불러들인다.

마음으로 여는 창

스타들의 시대

진정한 사과

아름다운 이름

삶의 진실에 대하여

소유에 대하여

오해에 대하여

비물리적 대결에 대하여

열심히 사는 사람

이분법적 사고

이상과 현실

씨소를 기다리며

청년들에게 하고 싶은 말

더 나은 미래를 위해

아름다운 세상을 위해

고 병 구 수 필 집

4부

아름다운 세상을 위해

스타들의 시대

우리 속담에 '사촌이 땅을 사면 배가 아프다.'는 말이 있다. 또 요즘 가끔 회자되는 말로 '배고픈 것은 참아도 배 아픈 것은 못 참는다.'라는 말도 비슷한 의미를 지녔다고 볼 수 있다. 우리 자신을 돌아보게 하는 말이다. 이 세상에 시기와 질투심을 갖지 않은 사람이 어디 있겠는가?

언제부터인지 나 잘되는 것보다 남 못되는 것을 더 즐거워하는 세상이 되어버렸다. 심지어 이웃의 불행을 즐기는 야박함마저 보는 수가 있다. 사돈의 팔촌이 출세를 하면 덩달아 어깨에 힘을 주는 사람들이 사촌이 땅을 사면 배가 아파하는 마음은 어떻게 설명할 수 있을까? 내가 어릴 때만 해도 이웃이 잘되면 다소 시샘을 내거나 선망의 눈길로 바라보기는 했어도 배척의 대상으로 여기지는 않았었다. 그런데 요즘은 잘되는 사람은 꼴도 못 봐 줄 만큼 삭막한 세상으로 변해버린 것 같아 안타깝기 그지없다.

도대체 이 사회에 존경 받을 인물이라고는 없는 것 같다. 존경과 선망의 대상이 되어야 할 인물이 어느새 시샘과 배척의 대상으로 뒤바뀌고, 심지어는 하루아침에 비리와 불법의 표상이 되어 있기도 한다. 사실에 근거하여 바로잡힌 것이라면 다행이거니와 정략적이거나 이해관계에 따른 판단이라면 참으로 불행한 일이 아닐 수 없다. 하지만 보통사람으로서는 넘치는 정보와 난무하는 비판의 홍수 속에서 진실을 깨우치기가 쉬운 일은 아니다.

예로부터 위기에는 영웅이 탄생한다고 했다. 그러나 지금은 위기는 와도 영웅은 오지 않는다. 너도나도 영웅이라고 나서지만 정작 기대에는 미치지 못한다. 그 이유는 어디에 있는 것일까? 영웅이나 위인의 전설을 만들어내기에는 세상이 너무 투명해졌기 때문인지, 아니면 각박한 인심으로 인해 황폐해진 세상이라 영웅이 탄생할 수 없는 토양이 되어버린 때문인지는 알 수 없다. 다만 현재를 살아가는 한 사람으로서 얼마나 기다려야 영웅이 나타날 것인지 막막할 뿐이다.

그러나 이런 와중에도 화려하게 등장하는 스타들은 넘치는 것을 볼 수 있다. 연일 TV화면을 장식하는 젊은 스타들을 향해 대중은 얼마나 열광하고 있는가? 요즘 아이들에게 장래 희망을 묻는다면 대개는 가수나 배우, 탤런트 혹은 운동선수가 되는 것이라고 한다. 우리의 미래가 걸린 꿈나무들이 모두 스타가 되기를 원하고 있다. 그런데 이처럼 찬란한 스타가 되기를 바라는 것은 아이들에게서만 볼 수 있는 현상은 아니다. 정치권을 비롯하여 거의 모든 영역에서 볼 수 있는 일이다. 매스컴의 화려한 연출 덕분에 스타가 되는 일이 한결 수월해진 탓인지도 모른다.

하지만 잠시 반짝거리다가 사라지는 스타들의 뒷모습은 또 얼마나 허무한가? 밤하늘의 불꽃처럼 타오르다가 한순간에 사라지는 스타들을 보면서 아쉬움을 느낄 때가 많다. 한때 화려하게 등장했던 스타였으나 야박한 현실로부터 돌아오는 비난과 비판을 이기지 못해 스스로 세상을 등지는, 아니 스스로 목숨까지 버리는 일들이 수시로 일어나고 있다. 진정한 스타가 되기 위해서는 자신이 져야할 삶의 무게를 감당할 수 있는 강건함이 필요한데 미처 그러지 못해 불행으로 귀착되는 결과를 가져오는 것 같다. 그러나 잔인하리만큼 매서운 잣대를 들이대는 대중의 관심도 너그러워질 필요는 있다.

어둔 밤 길가의 가로등처럼 삶의 진실이라는 불빛으로 언제까지나 우리의 앞길을 밝히는 스타들을 보고 싶다. 그러기 위해서는 먼저 기성세대의 각성이 있어야 한다. 건전한 삶의 태도를 보여주지 못하고 올바른 가치관을 심어주지 못한 기성세대가 그 잘못을 먼저 깨달아야 한다. 진실한 스타들이 탄생할 수 있는 새로운 토양을 만들기 위해 무너진 근본을 바로잡는 일에 그들이 앞장서야 한다. 이런 일은 포장만 그럴듯하게 꾸미는 것으로는 되지 않는다. 작은 일에도 최선을 다하는 성실함과 누구나 믿을 수 있는 진실함이 있어야 한다. 궂은 일도 마다하지 않는 자기희생과 서로를 돌아볼 줄 아는 관심의 눈길도 필요하다.

스타들의 시대임에도 불구하고 스타 부재의 현실을 살고 있는 오늘이 안타깝다. 우리의 꿈과 미래를 밝혀줄 영원한 스타들이 그립다. 흔들리지 않는 모습으로 우리의 삶을 비춰줄 진정한 영웅이 우리 앞에 등장하는 날이 오기를 고대하며.

진정한 사과

고의든 실수든 사람은 누구나 잘못을 저지를 수 있다. 하지만 자신의 잘못에 대하여 반성하고 사과를 하지 않는 것이 문제이다. 잘못을 저지른 후에는 오히려 교묘한 말로 변명을 늘어놓거나 생각지도 못했던 말로 역공을 가하기도 한다. 그러다가 불리해지면 아예 귀를 닫아버리고 만다.

강한 자만 살아남는다는 생존의 법칙 때문인지 사과하는 것을 죽기보다 싫어하고 완전무결한 신처럼 행동하고 싶어 하는 사람들도 있다. 그 당당함은 우러러볼만 하지만 그렇게 해서는 결코 신뢰를 얻지 못한다. 어떤 특정인에 대한 이야기가 아니라 현대를 살아가는 사람들의 변해가는 모습이다.

겸손과 겸양을 버린 자들이 많고, 자아와 주관이라는 말로 자신들의 고집을 포장하는 수도 있다. 타인에 대한 배려를 이야기하면서도 그 밑바닥에는 자신들을 위한 배려가 더 깊게 깔려있는 것을 보기도 한다. 솔직하지 못할뿐더러 더욱 영악해진 모습이다.

정치가 코미디로 바뀐 지가 오래여서 그런지 최고의 코미디는 오락 프로그램보다 정치권에서 나오기도 한다. 잘못을 저지른 사람에게 사과를 요구하였더니 사과상자를 보내더라는 이야기는 코미디보다 더한 코미디라고 할 수 있다. 이런 말에 너무 익숙해진 탓인지 가볍게 받아들이는 국민정서도 문제이다. '아니면 말고'식의 말장난에도 관대해진 것인지 무관심해진 것인지 알 수가 없다.

요즘 인터넷의 여론광장 같은 곳을 보면 지나친 언어폭력으로 상대의 마음을 상하게 하는 경우를 흔히 볼 수 있다. 당사자가 사과를 요구하면 '마음이 상하였다면 용서를 빕니다.' 하는 식의 응답이 고작이다. 대단한 사과의 말 같지만 정말 웃기는 사과이다. 이미 마음에 상처를 잔뜩 입혀놓은 상대에게 '마음이 상하였다면'이라니….

고작 그런 말로 용서를 구하는 것을 보면 옆에서 지켜보는 내 마음이 편치 못하다. 적어도 '마음을 상하게 해드려서 죄송합니다. 용서를 빕니다.' 정도는 되어야 하지 않은가? 자기는 잘한 일인데 시비를 걸고 있다는 식으로 비치기도 하고 사과할 마음은 전혀 없지만 귀찮아서 한번쯤 사과하는 흉내를 낸다는 의미로 볼 수도 있다. 문

마음으로 여는 창

맥상 진심으로 미안하다는 마음을 읽어내기가 어렵다. 속으로는 잘못을 인정하지 않는다는 것을 알 수 있다. 진정한 사과는 절대로 하지 않겠다는 뜻이다. 그런데도 그런 식의 사과를 굳이 받아낼 필요가 있는가? 아쉽지만 그런 식의 사과라도 받아들여야 한다. 사과는커녕 도리어 적반하장으로 설치거나 아예 그런 요구를 묵살해버리는 사람들이 많기 때문이다. 제대로 된 사과를 받아본 지가 하도 오래되어 진정한 사과는 아예 기대하지 않는 사람들도 많다.

치열한 경쟁 탓인지 사람들의 감성이 많이 둔해진 것은 사실이다. 그러나 대체로 자기의 잘못은 자신의 양심이 먼저 깨닫게 된다. 단지 자신의 약점으로 비칠까 두려워서 잘못을 숨기고 싶을 뿐이다. 그러다보면 잘못은 눈덩이 굴리듯이 자꾸만 커질 수밖에 없다. 쉽게 끝낼 수 있었던 일이 무엇으로도 막지 못하는 상황으로 되어버린다. 잘못은 누구나 저지를 수 있지만 그 잘못에서 헤어난다는 것은 쉬운 일이 아니다. 하지만 노력만 기울인다면 그것은 또한 누구에게나 가능한 일이기도 하다. '진정한 사과'라는 비결이 있기 때문이다.

그러면 어떻게 하는 것을 '진정한 사과'라 할 수 있는가?

첫째, 잘못을 깨닫는 즉시 사과해야 한다. 미루면 미룰수록 사과할 기회를 놓치게 된다. 잘못을 저지르지 않고 완벽하게 살아갈 수 있는 사람은 없다. 단지 자신의 잘못을 빨리 털어버릴수록 그로부터 더 빨리 헤어날 수 있고 더 큰 잘못에 빠져들 기회 또한 훨씬 줄어들게 된다.

둘째, 마음에서 우러나는 사과를 해야 한다. 어두(語頭)에는 사과하는 말로 시작을 하면서도 두고 보자는 식의 가시를 심어놓고 말을 끝맺는 사람들이 있다. 공손함과는 거리가 멀고 일종의 협박과 같은 사과이다. 사과를 받는 사람을 더욱 화나게 할 수도 있다. 자존심을 내세운 사과는 하지 않느니만 못하다. 진심이 들어있는 사과를 할 때 상대방의 마음을 감동시킬 수 있다. 말 한마디가 천 냥 빚을 갚는다고 하지 않는가?

셋째, 행동이 따르는 사과를 해야 한다. 피해를 입힌 당사자에게 합당한 보상을 해줄 수 있다면 더욱 좋고 그렇지 못하다면 마음만이라도 풀어 주어야 한다. 그리고 다시는 같은 실수를 저지르지 않겠다는 확신을 심어주어야 한다. 같은 잘못을 두 번, 세 번 반복하면 신뢰를 잃어버린다. 행동이 따르지 않는 사과이기 때문이다.

잘못은 누구나 저지를 수 있는 것이지만 서로 진심이 담긴 사과를 나누면서 살아갈 때 더욱 따스하고 부드러운 세상을 만들어 갈 수 있으리라 믿는다.

마음으로 여는 창

아름다운 이름

　　사람은 누구나 자신의 이름과 더불어 세상을 살아간다. 처음 이름이 주어질 때는 하나의 호칭에 불과하지만 시간이 흐르면서 각각의 이름마다 독특한 색깔과 의미로 덧입혀지게 된다. 듣기만 해도 가슴이 따뜻해질 만큼 아름다운 이름이 되는가 하면 그와 반대로 가슴이 떨릴 만큼 혐오스러운 이름이 되는 수도 있다. 각자의 이름 위에 어떤 색깔이 입혀지는가는 오직 자신에게 달린 일이다. 땀과 진실과 사랑에 의해 아름다운 이름이 될 수 있고 게으름과 거짓과 증오로 인해 부끄러운 이름으로 변할 수도 있다.

　　요즘은 아름다운 이름보다는 부끄러운 이름을 들어야 하는 날들이 많다. 잿빛 하늘처럼 오염된 공기를 마시거나 도시 가운데를 흐르는 검은 물줄기에 몸을 담고 있는 느낌이다. 세상이 갈수록 횡포해지는 것 같다. 그런 중에도 아름다운 이름이 등장하여 위로받는 날들이 있어 다행이고 익숙한 색깔로 살아가는 평범한 이름들이 갈라지고 무너지는 틈새를 메워주기에 아직은 살만한 세상이라 생각된다.

지금 누군가의 외침을 들었다. '나를 욕하는 것은 참을 수 있으나 내 조상을 욕하는 것은 절대 용서하지 않겠다!'고. '자식과 가족을 힘들게 하는 것도 결코 받아들일 수 없다!'고. 물론 힘 없는 조상이라면 욕될 일도 없겠지만 웬만큼 힘이 있다 하여도 무덤에서 끌려나올 만큼 욕되지는 않았으리라. 잠자던 조상을 무덤에서 끌어낸 이는 바로 자신이었다. 가족들을 힘들게 만든 것도 자신이었다. 스스로 아름답지 못한 이름을 가졌기에 조상과 가족들까지 세상으로 끌려나와야만 했다. 원래 주어졌던 평범한 이름으로 살아갔더라면 좋았을 것을! 사명감 때문에 그리하였다는 것은 참 믿기 어려운 말이다.

역사는 흐른다. 세월이 흐르면 평범하지 않은 모든 이름들은 역사의 명판 위에 그 이름이 새겨지게 된다. 찬사를 받을 만큼 아름다운 이름이라면 좋겠거니와 두고두고 부끄러운 이름으로 새겨진다면 그 조상을 욕되게 할 뿐 아니라 자식과 후손들에게도 재앙처럼 남겨지는 일이다. 한사람의 과한 욕심이 천년을 두고도 씻기 어려운 수치를 가져올 수 있다.

마음으로 여는 창

우장춘 박사는 명성황후 시해를 일으킨 을미사변에 가담했던 인물 중 하나로써 일본으로 망명하였다가 본국에서 파견된 자객 고영근에게 피살당한 우범선과 일본인 어머니 사이에서 태어난 아들이다. 조선인이란 차별대우와 매국노의 자식이란 설움을 동시에 받으면서 자랐으나 천신만고 끝에 그는 세계적인 육종학자가 되었다. 보장된 미래와 영화를 버리고 가족을 남겨둔 채 홀로 귀국하여 고국을 위해 자신의 삶을 바치기로 한 그의 결정은 대단한 결단이 아닐 수 없다. 식량난 해결을 위해 매국노의 자식을 불러들인 지도자의 결정 또한 우리가 다시 돌아보아야 할 대목이다. 그는 제의 받은 장관직을 고사하고 농업연구소의 소장으로 혼신의 노력을 기울이다가 9년 만에 고국에서 세상을 떠났다. 육종연구를 통해 채소와 식량의 자급자족을 이루게 하여 6.25전쟁 이후 극심한 굶주림에 시달리는 국민들을 구하는 것이 그의 꿈이었다. 지금 우리가 즐겨 먹는 제주감귤도 그가 일본에서 종자를 들여와 환경에 맞도록 개량하여 제주도에 심게 하여 얻은 결과물이다. '씨 없는 수박'으로 잘 알려지기도 했던 그는 어린 시절 우리 모두에게 우상과도 같은 존재였다. 그가 세상을 떠난 지 60년이 흐른 지금도 그는 많은 사람들의 마음속에 존경의 대상으로 남아있다. 8월10일, 그의 기일이 되면 해마다 많은 이들이 그의 무덤 앞에 모여 그를 추모하며 보낸다고 한다. 조상의 허물을 씻은 가장 아름다운 례라 할 수 있다. 매국노의 자식이자 철천

지원수의 관계로 맺어졌던 운명이 정반대의 결말을 가져오게 된 기적 같은 일이다. 노력하면 사람도 기적을 만들어낼 수 있다. 우·장·춘! 이보다 아름다운 이름이 어디 있으랴!

자신 뿐 아니라 조상과 후손의 이름까지 욕되게 하는 인물들이 더 이상 나오지 않았으면 좋겠다. 부끄러운 이름에 대하여는 역사의 냉엄한 심판이 있을 것이란 사실을 우리 모두가 기억하며 살아가길 바란다.

삶의 진실에 대하여

잠시 숨 돌릴 틈도 없이 바쁘게 돌아가는 세상살이로 인해 삶의 진실이 무엇인지도 잊어버릴 때가 있다. 실타래처럼 엉켜 복잡한 삶을 어떻게 살아야 잘 사는 것이며 후회 없는 인생이 될 것인가? 후회 없는 삶을 보내려면 다음 세 가지가 필요할 것 같다.

첫째, 진실의 바탕 위에 세워진 삶이라야 한다.
아주 가끔은 진실을 외면하도록 강요받을 때가 있다. 하지만 가면 놀이를 하면서 인생을 살아갈 수는 없다. 어떤 경우라 하더라도 진실의 바탕 위에서 살아가야 한다. 가식적인 삶이 우선은 괜찮은 듯 보여도 언젠가는 숨겨진 진실이 본래의 모습을 드러내게 된다. 며칠

만 살다가 그만두는 삶이 아니기에 숨겨질 수 없는 것이 인생이다. 그런데도 본모습을 숨기면서 살아간다는 것은 스스로를 불편하게 만드는 일이다. 그냥 부지런히 사는 것, 여건이 주어지는 대로 열심히 땀을 흘리며 온몸으로 헤쳐 나가야 한다. 몸으로 부대끼며 사는 것 자체가 진실이다.

둘째, 순리를 따르는 삶이어야 한다.
흐름을 역행하면서 사는 것을 잘사는 삶이라 할 수 없다. 순리를 거스르면 금방 마음이 불편해지는 것을 알 수 있다. 삶의 전환점에 이를 때마다 마음의 평온을 따르는 것이 가장 순리적인 삶이다. 때로는 도전을 하고 물결을 거스를 수도 있지만 기본 원칙을 벗어나지는 말아야 한다. 창의적인 생각과 노력은 하되 불법과 부정이 더해지면 바른 삶이 아니다. 잠시 희열은 느낄지 몰라도 마음의 고통은 피할 수 없다. 인생에는 비와 바람이 있고 눈보라와 폭풍우가 몰아칠 수도 있다. 순풍에 돛단 듯이 살아가는 인생은 없다. 소용돌이를 만나 제자리만 돌아야 할 때도 있다. 그래도 물처럼 흘러가는 삶이어야 한다.

셋째, 서로를 이롭게 하는 삶이어야 한다.
삶이 괘도에 오르면 좀 더 자유로워질 수 있다. 거칠 것이 없는 무풍지대를 달리듯이 나아갈 수도 있다. 그렇다고 폭풍처럼 휘몰아치며 짓밟고 지나가는 것은 바른 삶이 아니다. 자유로우면서도 그 자유가 남을 침범하지는 말아야 한다. 세상은 유기적인 관계 속에서 각자의 역할을 나눠 살아가는 하나의 생명체와 같다. 조금 삐걱거리는 것 같아도 톱니바퀴처럼 서로가 맞물려서 돌아가는 것이 세상살이다. 서로를 인정하고 수용하며 함께 가는 삶, 서로에게 도움이 되는 삶이어야 한다.

 소크라테스는 바르게 사는 인생에 대해 세 가지로 정의하였다.
 진실한 삶과 아름다운 삶, 그리고 보람 있게 사는 삶이라 했다. 숨 돌릴 여유도 없을 만큼 바쁘게 살아가는 것이 우리의 인생이지만 거기에는 의미가 따른다. 단순히 먹기 위해 살고 살기 위해 먹는 것, 그 이상의 의미를 찾지 못한다면 우리는 허무에 빠질 수밖에 없다. 우리의 삶을 의미 있게 하는 것은 서로의 존재가 있기 때문이다. 혼자서 사는 삶이라면 의미를 찾을 필요도 없다. 위해 줄 이도, 해칠 누구도 없는 외딴 세상에 홀로 살고 있다면 그가 무엇을 하든 무슨 상관이 있겠는가? 하지만 세상을 의미 없게 사는 사람들이 참 많다. 오직 자신만을 위해 살아가면 그만이라 생각하는 사람들이다.
 내 삶에는 진실이 담겨 있는가? 순리를 거스르고 있지는 않은가? 나는 다른 사람에게 의미 있는 존재인가? 나 자신을 향해 수시로 던져보아야 할 질문이다.

　땀 흘려 일하되 정의롭게 살고 남에게도 유익한 삶이 되었으면 좋겠다.

소유에 대하여

　　우리는 주위의 누군가가 무슨 일을 성취하게 될 때 진심으로 축하를 보내고는 한다. 가끔은 시기심을 내거나 비난의 목소리를 뱉는 수도 있지만 대체로 그것을 이룬 동기와 방법이 온당치 못했을 때의 일이다. 물론 아주 드물게는 그 동기와 과정에 상관없이 단지 많이 가졌다는 이유로 누군가에 대해 적개심을 품는 수도 있다. 그러나 그것은 마음 밑바닥에 깔려있는 박탈감에서 비롯된 것이라 할 수 있다.

　　신앙적으로는 무소유를 주장하는 사람도 있지만 일반인에게 있어서 소유 없이 세상을 살아간다는 것은 불가능한 일이다. 단지 바르게 소유하는 법을 알고 그것을 지켜간다면 소유 그 자체가 문제가 되지는 않을 것이라 믿는다. 또한 소유가 있음으로 인해 이 세상이 발전하고 있다는 것도 분명한 사실이다.

올바른 소유를 위해서는 다음 세 가지의 원칙이 있는데 매우 단순한 것 같지만 그 원칙을 지킨다는 것은 쉽지 않을 것으로 생각된다.

첫째, 정당한 방법으로 얻어야 한다.

땀 흘려 일한 노력의 대가로 얻는 것에 대해서는 정당한 권리를 인정받는다. 그러나 부당한 방법으로 무엇을 얻는 경우 그것은 죄를 짓는 일이고 때로는 누군가의 원한을 살 수도 있다.

갈수록 사람들은 땀 흘려 노력하기보다는 쉽고 편안한 방법으로 부나 명예, 또는 지위를 얻으려고 한다. 다른 한편으론 정당한 노력에 의해 얻는 대가조차도 바른 시각으로 보지 않거나 시샘을 내는 경향이 있다. 노동의 가치를 훼손할 뿐 아니라 세상을 어둡게 만들 수 있는 요인의 하나라고 생각된다.

둘째는 겸손해야 한다.

대부분의 사람들은 서로를 비교하며 살아가기 때문에 많이 가진 자는 상대적인 만족감을 누리지만 적게 가진 자는 열등감에 빠지기가 쉽다. 그래서 남들보다 더 많은 물질, 더 많은 지식, 더 높은 지위… 그 외에도 더 나은 무엇을 가지게 될 때에 질시의 대상이 될 수

마음으로 여는 창

있다. 많이 가지는 것 그 자체가 죄는 아니지만 그것을 가진 자가 겸손을 갖추지 못한다면 존경과 명예를 잃을 뿐 아니라 비난과 원망의 대상이 된다. 결국 많이 가지면서 겸손하지 못하면 화를 자초할 수 있다(好事多魔). 따라서 많이 가진 자가 스스로 경계해야 하는 것이 교만이다.

때로는 겸손한 체 하는 사람들을 가끔 볼 수 있다. 실제로 그 마음은 겸손하지 못하면서 겸손을 가장하는 경우이다. 그런 사람은 항상 겸손한 것이 아니라 어떤 사람 앞에서는 겸손한 모습을 보이지만 또 다른 사람 앞에서는 그렇지 못한 것을 볼 수 있다. 상대에 따라서 다른 모습으로 비친다면 그것을 겸손이라 할 수는 없다. 그러나 매우 겸손한 사람일지라도 때로는 교만이라는 함정에 빠지는 수가 있다. 항상 자신을 돌아보고 경성(警醒)하지 않으면 언제든지 머리를 들고 일어나는 것이 교만이기 때문이다.

셋째는 함께 나누는 삶이다.

하지만 내가 가진 것, 많은 노력 끝에 얻은 자신의 결실을 다른 사람과 나눈다는 것은 결코 쉬운 일이 아니다. 많이 가진 사람일수록 소유에 대한 애착도 크지만 절제하는 삶의 자세가 몸에 배어 있기 때문에 무엇을 흩어서 나눈다는 것 또한 쉽지가 않다. 특히 절제하는 삶이 부족해 보이는 자들을 대상으로 어떤 것을 나누려고 할 때는 마음속에 거부감이 생길 수도 있다. 가진 자의 아량과 남을 긍휼히 여기는 마음이 없이는 불가능한 것이 나누는 삶이다.

요즘은 나누기를 강요하는 분위기가 많이 일고 있다. 그러나 함께 나눈다는 것은 어디까지나 나누는 자의 마음에서 우러나는 것이어야 한다. 강요할수록 마음을 닫게 되는 것이 사람들의 심리이기 때문이다. 더구나 가진 자들을 배척하면서 무엇을 나누라고 할 때는 강탈당하는 느낌이 들 수도 있다. 그러한 분위기는 함께하는 마음을 저해할 뿐 아니라 서로를 멀리하게 만드는 원인이 될 수 있다. 마음에서 우러나는 자발적인 나눔이 되어야 한다.

무엇을 가진다는 것은 그 만큼 책임이 따르는 일이다. 자신이 지닌 소유 그 자체에 대한 책임과 아울러 이 사회에 대한 책임을 말한다. 많이 가졌다고 반드시 더 행복해지는 것은 아니지만 본인이 져야 할 책임은 더 클 수밖에 없다. 가진 만큼 마음이 건강해야 자신의 소유에 대한 올바른 행사를 할 수 있다.

무엇을 가짐으로써 축하를 받을 것인지 비난을 받을 것인지는 대체로 가진 자의 태도 여하에 달린 일이다.

마음으로 여는 창

오해에 대하여

살아가다 보면 갖가지 오해로 인해 어려움을 당하는 수가 많다. 더할 수 없이 가까운 가족에부터 생면부지의 사람에 이르기까지 예상치 못했던 오해가 생기고는 한다. 마음에 심어둘 필요조차 없는 아주 사소한 오해에서부터 천근만근 마음이 무거워져 잠을 이루지 못하는 날이 몇 날, 몇 달이나 지속되고, 심지어 수년이 가도 지워지지 않는 고통스런 오해에 휘말리게 되는 수도 있다. 몇 마디의 간단한 말로 풀리는 오해도 있지만 마음의 문을 걸어 잠근 상대로 인해 오해를 풀 기회조차 얻지 못하는 경우도 있다. 내가 빌미를 제공하여 생기는 오해도 있지만 나의 말이나 행동과는 상관없이 정말로 황당하게 생기는 오해도 있고, 누군가의 계획된 의도에 의해 오해를 겪게 되는 수도 있다. 오해를 받게 되면 마음이 상하는 것은 물론, 명예와 물질 뿐 아니라 아끼던 사람까지 잃는 수도 있다.

오해를 풀기 위해서는 소통(대화)이 최선의 방법이라 할 수 있지만 오해, 특히 의도된 오해로 인해 소통이 차단된 경우라면 오해를 풀기 위한 어떤 노력도 물거품이 되는 수가 있다. 더구나 상대방의 시기와 질투로 인해 생긴 오해라면 무모한 노력이 자신을 더욱 힘들게 할 수도 있다.

오해를 풀기 위한 노력도 필요하지만 풀리지 않는 오해를 당할 때에 지녀야 할 마음의 자세를 살펴보고자 한다.

첫째, 빨리 풀도록 하라.
- 말로 풀릴 수 있는 오해라면 즉시 풀어라. 머뭇거릴수록 깊어지는 오해가 많다.

둘째, 시간이 답이다.
- 오해를 받으며 초조해 하지마라. 시간이 흐르면 저절로 해결되는 오해도 많다.

셋째, 스스로 신념을 지켜라.
- 흔들릴수록 오해에 휘말리는 수가 있다. 내가 흔들리는 것은 상대방이 원하는 바이다.

넷째, 마음 상하지 마라.

- 마음이 상하면 비참해진다. 자기발전을 도모하는 기회로 만들면 오해도 약이 된다.

바른 마음으로 자신을 지켜간다면 시간이 흐르면서 오해는 저절로 풀리게 된다. 오해를 이용하여 모함하려는 자들의 노력도 물거품이 된다. 어떤 경우라도 시간은 우리에게 최선의 약이라는 사실을 기억해둘 필요가 있다.

오해를 받는 것은 괴로운 일이지만 대부분의 오해는 다른 이들의 시기심에서 비롯된 것이라 할 수 있다. 누군가의 시기를 받을 만한 것이 나에게 있다는 것, 결국 내가 감수해야 할 나의 몫이다.

다만 명심하여야 할 점은 사실이 그러한 데도 불구하고 스스로 오해를 받고 있다거나 다른 사람의 오해 탓이라고 여기며 자신을 돌아보지 않는 태도는 반드시 지양해야만 한다. 오해로 인해 일어나는 사태보다 훨씬 더 심각한 문제를 야기할 수 있기 때문이다.

비물리적 대결에 대하여

　　동물의 세계에서는 수시로 물리적 대결이 일어나는 것을 볼 수 있다. 허기진 배를 채우기 위해 사냥을 하는 것과 종족보존을 위해 짝짓기를 시도하는 생존의 대결이 그것이다. 그리고 이와 같은 대결에서는 언제나 약육강식의 법칙이 적용되고 있다. 그러나 동물들은 이처럼 치열한 대결에서도 자신들의 생존을 위해 필요한 그 이상의 목숨을 해치지는 않는다. 아무리 사나운 맹수라 하여도 배가 부르면 더 이상 피를 흘리게 하는 일은 없다.

　　하지만 인간들 사이에서 일어나는 대결은 동물의 세계에서 보는 것과 많이 다른 양상을 띠고 있다. 힘과 힘을 겨루는 물리적 대결 외에도 부와 명예, 지위 등 다양한 목적을 이루기 위해 여러 형태의 비물리적 대결이 이루어지고 있기 때문이다. 그런데 이러한 비물리적 대결이 때로는 생존을 위한 물리적 대결보다 오히려 더욱 치열하거나 훨씬 더 잔혹한 결과를 초래하기도 한다.

일찍부터 인간은 사회생활을 통해 서로 간에 공정한 대결이 이루어질 수 있도록 하기 위한 제도적 장치를 마련해왔다. 그럼에도 불구하고 그들이 치르는 여러 형태의 비물리적 대결에서 공정성의 룰이 잘 지켜져 왔다고 할 수는 없다. 모든 대결은 이기는 것을 궁극적인 목표로 하기 때문에 제도가 미처 확립되지 않은 대결에서는 강자에게 일방적인 승리가 주어지거나, 이미 제도가 확립되어 있는 경우라 하더라도 그 통제를 벗어나서 불공정 대결이 펼쳐지는 예는 흔히 볼 수 있는 일이다. 사회가 복잡해지고 경쟁이 치열해질수록 비물리적 대결의 양상은 더욱 다양해지고 그 수단 또한 교묘해지는 것을 알 수 있다.

이러한 비물리적 대결에는 크게 세 가지 형태의 구도로 나누어서 생각해 볼 수 있다.

첫째, 논리와 비논리의 대결이다. 대체로 냉정한 이성(理性)의 대결이라고 할 수 있다. 듣는 이에게 설득력이 있고 청중은 객관적 판단에 의해 그 승패를 쉽게 가름할 수 있다. 그러나 이해 당사자나 해당 논제와 관련성이 있는 자가 아니면 일반 대중에게는 관심 밖의 일이 되기 쉽다. 따라서 소수의 사람들만 관심을 갖고 지켜보는 경향이 있다.

중요한 학문적 가치를 지닌 경우가 아니라면 그 결과 또한 큰 의미를 갖지 못하는 수가 많다. 가끔은 궤변이 논리를 앞지르는 경우도 볼 수 있다.

둘째는 참과 거짓의 대결이다. 사실에 근거한 대결이면서도 쉽게 감정의 대결로 치닫는 경향이 있다. 도덕과 비도덕의 대결이라고 할 수 있다. 논리와 비논리의 대결에 비하여 일반 대중의 관심은 높은 편이다. 때로는 논리적 대결을 거쳐 결론이 난 경우라 할지라도 참과 거짓이 밝혀짐으로써 그 승패가 뒤집어질 수도 있다.

따라서 참과 거짓의 대결에 의해 내려진 결과는 당사자에게 사회적으로 중요한 의미를 지니는 수가 많다. 그러나 참과 거짓이 뒤바뀌고 그로 말미암아 심각한 혼란이 초래되는 경우도 가끔 보게 되는 수가 있다.

셋째는 선과 악의 대결이다. 선과 악이라는 형이상학적 가치를 두고 다투는 대결이기 때문에 이상(理想)의 대결이라고 할 수도 있다. 진정한 의미의 선과 악의 대결이라면 참으로 의미 있는 일이고 또 대부분의 사람들은 선이 승리하기를 원한다. 일반 대중의 관심이 높을 뿐만 아니라 그들의 직접적인 참여까지도 유도할 수 있는 대결 방식이기 때문에 이 대결의 승패가 미치는 파급효과는 상상을 초월

하는 결과를 가져올 수도 있다.

　그러나 명분을 내세운 감정의 대결이 많고 논리와 이성이 결여된 경우도 종종 볼 수 있다. 때로는 앞의 두 가지 대결에서 이미 승패가 판가름 난 경우라 해도 선과 악의 대결에 의해 그 결과가 뒤집어지는 수도 있다.

　일반적으로 종교적 혹은 도덕적 기준에 의해 선과 악을 구분했으나 요즘은 선과 악의 대결이 지니는 위력을 이용하기 위해 사회적인 현상까지 선과 악의 개념으로 접근하려는 경향이 많다. 예를 들면 자본과 노동, 소유와 분배, 개인과 대중, 평준화와 계층화 혹은 다양화와 획일화 등을 일반적인 사회현상이나 그에 따른 문제점으로 보지를 않고 선과 악의 대립으로 몰고 가려는 시도 등이다. 일반 대중의 지지를 얻기 위하여 서로 먼저 선을 점유하고 상대방을 악으로 인식시키려는 노력을 기울이는 것을 흔히 볼 수 있다. 대중을 선동하기 위하여 선과 악의 대결을 이용할 뿐 아니라 권력이 대중과 결탁하는 수단으로 이용되기도 한다. 여기에 언론까지 가세한다면 엄청난 소용돌이가 발생할 수 있다. 이런 식의 대결구도가 개인이나 집단뿐만 아니라 국가 간에도 발생하고 있는 사실을 우리는 알 수 있다.

　선과 악이라는 극단적인 대결구도로 인해 참과 논리가 거짓과 비논리 앞에서 힘을 잃을 수 있다는 사실은 참으로 서글픈 일이다. 그리고 부당한 억압이나 강제적 박탈 등의 물리적 행사를 정당화하는 도구로 선과 악의 대결을 이용하는 것은 우리의 마음을 더욱 어둡게 한다. 선과 악의 대결이 지닌 순수한 의미와 가치는 어떤 이유로도 훼손되지 말아야할 과제이다.

열심히 사는 사람

　　열심히 사는 사람에게는 그렇지 못한 사람과 구별되는 몇 가지 특징이 있다. 그런 사람에게서 볼 수 있는 차이점을 정리해 본다.
　　첫째, 삶에 후회가 적다. 세상살이를 하다 보면 후회가 없을 수는 없겠지만 다른 사람보다 적게 후회하며 살아가는 것만은 틀림이 없다. 최선을 다해 살아가려고 열심히 노력하는 사람이니까 후회할 일이 줄어드는 것은 당연한 이치이다. 나이가 들수록 자신이 살아온 삶에 대한 후회에서 멀어지고 긍정의 마음과 낙관적인 태도로 세상을 살아갈 수 있다.
　　둘째, 헛된 미련을 갖지 않는다. 바라는 것이 있으면 수고하여 얻기를 원하는 사람이지 횡재를 꿈꾸는 짓은 하지 않는다. 자신이 원하는 것을 얻기 위해 그만한 대가를 지불할 가치가 있는가를 먼저 헤아려 보게 될 것이다. 그런 사람은 헛된 것을 얻기 위해 자신의 노력을 기울이는 어리석은 짓도 하지 않는다. 가치 있는 것을 얻기 위해 정당한 대가를 지불하든지 아니면 조용히 물러난다. 땀의 가치를 알고 진실만을 추구하려 할 것이다.

셋째, 시간을 소중히 여긴다. 살아있는 모든 순간이 소중하다는 사실을 알고 있다. 그런 사람은 시간을 허비하려 하지 않는다. 주어진 시간마다 최선이 무엇인지를 항상 생각하며 살려고 노력하는 사람이니까. 그가 시간을 소중히 여기는 만큼 그의 앞에는 가치 있는 결과물이 쌓이게 된다. 늘 바쁘게 살아가는 사람이지만 그에게서는 언제나 여유로운 태도와 넉넉한 마음을 엿볼 수 있다.

넷째, 사람을 소중히 여긴다. 사람과의 관계를 소중히 여기며 사람과의 약속을 배반하지 않는다. 자신을 소중히 여길 뿐 아니라 다른 사람의 존재도 소중하다는 사실을 알고 있다. 다른 사람을 함부로 대하지 않고 존중하는 마음으로 대하며 함께 살아가는 세상을 만들기 위해 노력한다. 그에게는 다른 사람을 편안하게 해주는 특별한 재주가 있고 대화를 통해 사람들은 위로와 격려를 받을 수 있다.

다섯째, 자신의 삶에 만족한다. 열심히 사는 사람은 자신에게 적합한 삶의 목표를 추구하며 살아간다. 스스로 최선을 다하는 삶이기에 자신이 얻은 결과에 대하여 만족할 수 있고 설혹 원하지 않는 결과가 나오더라도 그 때문에 마음이 상하거나 좌절하지 않는다. 그는 다른 사람의 성취에 대하여도 시기하지 않고 축하해줄 수 있는 마음의 여유를 가진다. 그는 세상을 향한 자신의 역할에 충실한 사람이 될 것이다.

여섯째, 죽음 앞에서 담대해질 수 있다. 사람은 대체로 죽음이 가까우면 두려움과 초조함을 느끼게 된다. 하지만 세상을 열심히 살아온 사람은 언제 어떤 형태의 죽음이 오더라도 받아들일 마음의 준비가 되어 있다. 모든 순간을 매듭짓듯 살아가는 사람이라 남은 삶에 대해 지나친 미련이나 아쉬움이 없고 죽음 그 이후의 세계에 대하여도 두려워하지 않는다. 세상을 열심히 살아온 만큼 떠나야 할 순간도 홀가분한 마음으로 맞아들일 수 있다.

일곱째, 행운이 따른다. 평소에 쌓아온 마음훈련과 땀 흘린 노력 덕분에 어떤 예상 밖의 일이 닥쳐도 뛰어난 순발력으로 쉽게 벗어날 수 있다. 어떤 이들은 이런 사람을 가리켜 '운이 좋은 사람'이라 한다. 사실은 운이 좋은 것이 아니라 열심히 살아온 덕분에 모든 상황에 대하여 감당할 준비가 되어있는 사람이다. 열심히 살아가는 사람에겐 모든 것이 행운이다. 심지어 고난과 역경의 시간조차도 그에게는 더 큰 기회가 되는 것을 볼 수 있다.

위에 든 것보다 더 많은 것들이 있을 수 있지만 열심히 사는 사람이 인생살이에서 덤으로 얻는 축복이라 생각된다.

이분법적 사고

　　사회가 복잡해지고 경쟁이 치열해 질수록 사람들은 복잡한 사고로부터 벗어나기를 원한다. 하지만 그런 단순화가 단절이나 분리를 의미하는 이분법적 사고를 뜻하는 것은 아니라고 생각한다.
　　그러나 아쉽게도 요즘 이 사회를 이끌어가는 사람들이나 단체들의 사고나 활동방향은 지나치게 양극화되어 있어서 서로의 합일점을 찾기가 어렵다. 나 아니면 남이거나 동지 아니면 적이 되기 일쑤고 찬성이 아니면 비판 혹은 반대로 결론짓는 경향이 높다. 무조건 선을 긋는 경우가 많고 중도나 중용이 설 자리가 없다. 완만함이 없고 경계가 너무 분명하여 절벽에 끝없는 낭떠러지만 보는 느낌이 든다. 사고는 극단적으로 흐르는 사람들이 자기들 스스로는 중도를 표방하는 과오를 범하기도 한다. 중도개혁이나 중도보수를 내세우지만 극좌나 극우로 치닫는 경향이 높다. 인정할 것은 인정하고 비판할 것은 비판하는 건설적인 자세가 부족하고 비판을 수용할 줄 아는 포용력이 결여된 것을 흔히 볼 수 있다. 온화함과 부드러움을 찾아보기가 어렵다.

이런 식의 사고가 단순한 단편적 사고에 의한 것이라면 그나마 다행이지만 이해관계의 집착에서 나온 것이라면 추악해질 수도 있다. 이런 사람들의 생각이 오만과 편견으로 무장되어 있다면 더 큰 위험을 초래할 수 있다. 자신들의 입지가 침범 당할 것이라는 위기의식으로 인해 타협을 배척하고 철벽같은 방어책을 구사하며 다른 집단이나 인물들에 대해서는 타도의 대상으로 삼는다면 이 사회는 발전의 장으로 나아가기보다는 전장화(戰場化)되어 갈 수밖에 없다.

편의상 분류는 할 수 있지만 분열과 단절을 막기 위해서는 모름지기 사회의 지도자라면 다음과 같은 점은 인식하고 있어야 한다.

첫째, 이 사회의 모든 구성원은 전체로서 하나다.
어떤 개인이나 단체가 발전적인 방향으로 변화되어가는 것은 바람직한 일이지만 강제적인 힘에 의해 타도되거나 소멸되어 버린다면 이 사회는 하나를 잃는 결과를 가져오게 된다.

둘째, 완벽한 분류법은 없다.

사람들은 무슨 일에나 피아를 구분하는 경향이 있고 자신들의 주위에 벽을 만들기를 좋아한다. 스스로를 보호하기 위한 무의식적이고 동물적인 본능에 의한 것으로 여겨진다. 항상 자신을 중심으로 그려지는 원을 따라 두 층으로 구분되지만 이 사회는 좀 더 복잡하여 여러 개의 층으로 나눠지게 된다. 따라서 자기중심적이고 인위적인 이분법적 분류 또한 완전할 수가 없다.

셋째, 경계선 위에 더 많은 사람들이 있다.

상대를 인정하지 않으려는 태도와 경계를 분명히 하려는 의도로 인해 연속성이 부인되는 분류법은 그 자체가 모순이다. 그러한 분류는 계층별 단절을 초래하는 결과를 가져오기 쉽다. 대부분의 사람들은 경계선 위에 더 많이 있다는 사실을 알아야 한다.

넷째, 분리와 차등을 적용하기 위한 분류는 지양해야 한다.

상호보완과 화합의 차원에서 서로를 인정하는 태도가 필요하다. 아쉽게도 어떤 단체의 앞자리에는 극단적인 사고를 하는 사람들이 차지하고 있는 것을 흔히 볼 수 있다. 그 단체로서는 가장 이기적인 사람이 가장 지도자인 양 비칠 수 있기 때문이다. 그들 중에 카리스마나 헤게모니로 위장된 인물이 지도자라는 과분한 자리에 앉을 수 있다. 그로 인해 자신들의 이익을 위하여 분리와 차등을 적용하는 결과를 가져오게 된다.

소위 능력이 있고 많이 아는 사람일수록 자아도취가 강하고 상대를 인정하지 않는 태도를 지니는 수가 많다. 스타는 될지언정 바람직한 지도자가 될 수는 없다. 상대를 인정하지 않는 지도자는 진정한 지도자라 할 수 없다. 참다운 지도자는 상대를 인정하고 전체를 아우를 줄 아는 지혜와 관용의 마음을 지녀야하기 때문이다.

이상과 현실

한때 나는 이상주의자가 되어서 이 세상을 살아가고 싶은 꿈을 꾼 적이 있었다. 그러나 과거는 물론 현재도 나는 결코 이상주의자가 아닐 뿐 더러 앞으로도 이상주의자가 될 수 없다는 사실을 나 자신이 알고 있다. 물론 지금도 나를 이상주의자처럼 보는 사람들이 가끔 있기는 하지만 지금까지 나는 철저한 현실주의자로 세상을 살아왔으며 앞으로도 그런 식으로 살아가게 될 것이다. 세상에 푹 파묻혀서 모든 것을 직접 몸으로 배우고 익히며 지극히 현실적인 태도로 살아온 것이 내 삶의 방식이기 때문이다.

현실은 생각보다 만만치 않고 쉽지도 않다. 매일 부닥치는 사소한 일들도 감당키 어려운데 하물며 이상을 꿈꾼다는 것은 당치도 않은 일이다. 하루하루 바쁜 생활에 쫓기면서 살아가다 보면 꿈같은 생각은 어디론가 모두 자취를 감춰버린다. 매 순간 후회 없이 살려고 부단히 노력하는 수밖에 없다. 그러면서도 가끔은 이상과 현실 사이에서 갈등을 느껴야 하는 것이 내 마음의 실체이다.

한 때 인도에서 간디와 비노바 바베를 비롯한 그의 추종자들이 실천하였던 이상주의 사회가 성공할 수 있었던 것은 특수한 시대적, 사회적 배경을 가졌기 때문이라 생각된다. 그러나 지금처럼 개방된 사회, 무한교류의 세상에서는 모든 것을 함께 공유하고 공평하게 나누는 이상사회는 더 이상 존재할 기회를 잃어버렸다고 볼 수 있다. 그것은 서로 간에 경쟁이 필요 없는 폐쇄된 사회에서나 가능한 일이기 때문이다. 선결조건으로 외부 세계와는 완전히 단절된 사회가 먼저 조성 되든지, 아니면 이 지구상의 모든 나라가 하나로 합쳐져 하나의 공화국 형태가 된다면 가능한 일일 수도 있다. 하지만 어떻게 그처럼 완벽한 조건을 갖춘 사회가 올 수 있단 말인가? 설혹 그것이 가능하다 할지라도 오히려 조지 오웰이 말한 빅브라더가 지배하는 세상이 될 가능성이 훨씬 더 높다.

한동안 세계의 거의 절반을 차지하였던 공산주의 국가가 사라져 간 이유는 현실이 그런 사회를 용납하지 않았기 때문이다. 각자 자기의 최선을 다하고 모든 것을 공평하게 나누어 가질 수는 없었으며 그렇다고 모두가 함께 굶주리며 살 수도 없었다. 과거 인텔리들의 꿈이었던 공산주의는 그렇게 무너져버린 것이다. 인간의 본능에서 비롯된 현실이라 할 수 있다. 인간사회에서 인간의 욕망을 배제한다는 것은 불가능한 일이기 때문이다. 평화를 내세운 공산주의는 공염불이 되어버렸고 투쟁을 내세운 사회주의는 빛 좋은 개살구가 되어버렸다. 현실을 무시하는 꿈같은 이야기는 지나간 무대로서 충분하였다고 판단된다. 더 이상 실험무대를 꾸밀 수도 없고 그런 유혹에 넘어갈 사람도 많지 않다.

내면으로부터 솟아나는 기본 욕망을 누르고 이상만을 추구하며 세상을 살아간다는 것은 현실적으로 거의 불가능한 일이다. 그리고 나 자신에게 불가능한 일을 타인에게 요구할 수도 없다. 다만 스스로 최소한의 기본적인 원칙만 지키면서 살아갈 수 있다면 자신의 꿈도 이루고 이 사회도 발전하는 두 가지 목표를 달성할 수 있으리라 믿는다. 이 세상을 완전한 이상향으로 바꿀 수는 없지만 우리 모두가 현실주의자가 되어서 현실에 충실하며 살아가는 방식이야말로 이상에 가장 근접할 수 있는 비결이라 생각한다. 그런 점에서 관념적인 이상주의자보다는 철저한 현실주의자가 이상주의자에 더 가깝다고 할 수 있다.

세상에는 정말로 열심히 자신의 삶에 충실하며 살아가는 많은 사람들이 있다. 그들 중에 상당수는 오직 자신들의 일에 너무 열중한 나머지 앞뒤 좌우도 돌아보지 못하고 살아간다는 것이 문제일 뿐이

마음으로 여는 창

다. 그러나 이들이 자기만의 세계에서 벗어나 이 세상을 향해 관심의 눈길을 돌릴 수만 있다면 현실은 더욱 아름다워질 수 있다. 모두가 열심히 함께 노력하고 또 각자 노력한 대가를 누리면서 사는 사회, 조금 더 바란다면 서로를 조금 더 배려하는 마음으로 살아가는 사회가 되어야 한다는 것이다. 그것이 이 사회가 물질적으로도 정신적으로도 풍요로워지는 비결이라 믿는다.

씨소를 기다리며

씨소! 우리나라에 이런 게 하나쯤 생겼으면 좋겠다. 아니, 둘이나 셋, 많으면 많을수록 좋다. 아닌 밤중에 홍두깨처럼 웬 씨소냐고? 내 맘대로 이름을 붙여본 CSO(citizenship organization)라는 시민정신운동 관련 기구 말이다.

우리 민족은 한이 많으면서도 정이 넘치는 민족이라 한다. 눈물이 많고, 감정이 풍부하고, 정에 휘둘리는 일이 많다. 감정이 지나쳐 원수가 되기도 하지만, 눈에 불이라도 켤 듯이 다투다가도 감정에 호소하면 언제 그랬냐는 듯 눈 녹듯이 녹아버리기도 한다. 장점이기도 하지만 아쉬운 점도 많다. 감정을 앞세우고 이성이 뒤처지다 보니 논리적이고 합리적인 사고가 어려워진다. 흐르는 감정을 따라 마음이 정해지면 다시 살피고 헤아리는 일이 부족하다. 어떤 논리적인 설명에도 닫힌 마음을 여는 것이 어렵고 사실조차 왜곡하는 경향이 있다. 냉철한 이성 보다는 감정을 앞세우다 보면 사리분별과 판단력이 떨어지는 것은 당연한 결과이다. 감정에 흔들려서 이면의 깊이를 헤아리지 못해 남에게 이용당하기도 쉽다.

조선이 멸망한 주된 원인은 당파싸움 때문이란 사실을 우리는 익히 알고 있다. 그런데 사색당쟁을 수치와 패악으로 여기던 사람들이 지금 그와 꼭 같은 길을 가고 있다. 권력을 잡기 위해 당쟁을 부추기고 편 가르기를 이용하여 국민을 분열시키는 행위가 도를 넘고도 한참 넘는다. 정의를 외치면서 불의를 저지르고, 겉으로는 선을 내세우면서 뒤로는 술수를 획책하는 일이 능사이다. 그들 마음속엔 아집과 독선, 욕심으로 가득한데 포장만 그럴듯하게 꾸며서 국민을 기만하고 있다.

그들은 아침저녁으로 말을 바꾸는 사람들이며 궤변으로 자신을 감싸기에 능한 자들이 많다. 이들의 모습을 보면 절망감이 들지 않을 수 없다. 그런데 이 모든 것은 감정에 쉽게 휘둘리는 국민적 성향을 그 토양으로 하고 있다. 권모술수에 능한 정치인들이 발붙일 수 없는 토양으로 만들어가지 않는다면 이 땅에서 민주주의가 발전하기를 기대하는 것은 요원한 일이다. 국민이 깨우치지 못하면 세월이 흘러도 국가는 사색당쟁의 부끄러운 역사를 되풀이할 뿐이다. 권력을 위한 이전투구가 오늘도 대한민국의 미래를 어둡게 한다.

어른이 없는 세상, 나라가 흔들려도 바른 말 하는 이를 보기 어렵고, 설혹 바른말을 하는 이가 나와도 사실을 받아들이기 보다는 편 가르기의 시각으로 보는 나라가 내 나라라는 사실이 서글프다. 오직 내 편과 네 편만 있는 나라가 정상적인 나라인가? 진영논리에 빠져 배척을 일삼는 것이 정상적인 사고인가? 정치인들의 편 가르기에 휘둘리는 국민들을 깨우칠 수는 없을까? 정치인들의 줄 세우기에 동원되어 그곳을 자신의 줄이라 우기며 살아가고, 하수인도 아닌데 하수인이기를 자처하는 사람들을 보면 불쌍한 마음이 든다.

감정적 선입관으로 확정편향에 빠져들면 정상적인 사고가 어려워질 뿐 아니라 사고의 전환이 불가능해진다. 개인적 이기심에 사로잡혀 맹목적인 지지와 굴종을 가져오는 일이 많다. 합리적인 사고로 감정을 극복하고 이성적인 판단을 할 수 있는 계몽운동이 일어났으면 좋겠다. 보고 듣고 느끼는 문화에서 읽고 생각하고 토론하는 문화로 넘어가야만 할 것이다. 이성적이고 합리적인 사고를 위해 폭넓은 독서가 필요하다. 그런 의미에서 고전은 지금도 유효하다. 김형석 교수의 글에 의하면 선진국과 후진국의 차이는 그 나라 국민들의 독서와 관련이 있다고 한다. 선진국에 속한 나라들은 그 나라 국민들의 80% 이상이 100년 이상에 걸쳐 독서를 하였고, 그러한 과정을 밟지 못한 나라들은 후진국에 속한다고 하였다. 우리나라도 경제발

전은 이룩하였으되 정신적으론 후진국 신세를 벗어나지 못하고 있다.

1995년 삼성 이건희 회장이 기업은 이류이고 행정은 삼류이며 정치는 사류라는 말을 한 적이 있다. 그의 견해에 많은 국민들이 공감하였던 것으로 기억한다. 그런데 당시에 언급되지 않은 주요 대상 둘이 있다. 국민과 언론에 대한 견해이다. 생각나지 않아서가 아니라, 말을 꺼내기엔 다소 거북했기 때문이라 여겨진다. 그 후 25년이란 세월이 흘렀고 이건희 회장도 세상을 떠났다. 그 사이에 정치는 어디까지 왔을까? 지금 국민들의 생각을 짚어보고 싶다. 정치는 정치인들에 의해 바뀌는 게 아니라 국민이 바꾸어야 한다. 국민이 일류가 되고 언론이 일류가 되면 정치든 경제든 일류가 되고 국가도 일류가 될 수 있다.

바른 생각과 합리적인 지도자를 배출하기 위해서는 시민들의 의식이 바뀌어야 한다. 침묵의 지성인들이 뜻을 밝히고 생각을 모아 세상을 바로잡는 일에 나서야 한다. 다만 그들마저 정치적인 야망으로 물들지 않았으면 좋겠다. 오로지 내 후손들에게 물려줄 밝은 미래를 위해 순수한 마음으로 나섰으면 좋겠다. 우리의 후손들이 자유의 나라 대한민국에서 행복한 모습으로 살아갈 수 있는 기틀을 마련하기 위해 '시민정신운동'의 필요성이 절실히 요구되는 때이다. 진정한 일류국가가 실현되는 날이 오기를 기대해 본다.

청년들에게 하고 싶은 말

　인생의 노년기를 보내면서 나의 청년시절을 되돌아본다. 이미 지나가버린 세월이지만 지금도 나는 꿈 같이 흘러간 그 시절이 많이 그립다. 감당하기에는 많이 버거웠고 갈등과 방황 속에 보낸 날들이기도 하였으나 순수하고 아름다운 꿈을 꾸면서 내 인생의 기초를 다진 날들이었다.
　내가 가장 아끼는 사람이 지금 청년기를 보내고 있다면 나는 그에게 무슨 말을 해주고 싶을까? 불가능한 일이지만 내가 만일 다시 청년이 된다면 나는 그 시간들을 어떻게 보낼까?

　첫째, 긍정의 마음을 가진다. 희망과 열정으로 가슴이 불타오를 수도 있지만 불확실성과 어두운 낭만으로 인해 좌절감에 빠질 수 있는 시기이다. 세상살이는 잔잔한 호수에서 노를 젓는 것보다는 험한 바다에서 사나운 파도와 싸워야 할 때가 많다. 힘든 세상이라 하여 두려움에 빠지면 스스로 위축되어 자신감을 잃기 쉽다. 부정적인 마음으로 자신의 능력을 제한하거나 좁은 틀 속에 자신을 가두기 쉽다. 어려움이 닥치면 '이 또한 지나가리라' 하는 솔로몬의 지혜가 필요하다. "소년이여 야망을 가져라!" 2차대전 후 패전국 일본의 젊은 이들을 일깨우기 위해 윌리엄 스미스 클라크가 한 말이다. 긍정의 마음으로 세상을 바라보는 자가 승리한다.

둘째, 독서를 많이 한다. 젊은 시절 나는 흥미본위의 책에 마음을 빼앗겨 보낸 때가 있었다. 짜릿한 흥분이 마음을 휘감으면 밤새는 줄 모르고 책을 읽고는 했었다. 당시 나는 '이 세상은 밝은 면과 어두운 면 모두를 가졌기에 세상을 이해하기 위해서는 책을 가려서 읽을 필요가 없다.'는 주장을 펼치기도 했었다. 짧은 인생에 모든 삶을 경험할 수 없듯이 모든 책을 읽을 수도 없으며 독서에도 경제원칙이 필요하다는 사실을 나중에야 알았다. 부족한 시간에 내가 선택할 수 있었던 것은 인문학 쪽으로 눈을 돌리는 것이었다. 영혼을 바치듯이 전심을 쏟아 부어 쓴 책들을 읽으면서 내 인생이 풍요로워지는 것을 느꼈다. 늦게라도 제대로 된 선택을 하였던 것을 큰 다행으로 생각한다.

셋째, 좋은 친구를 사귄다. 지금 내게 가장 아쉬운 것이 있다면 젊을 때 친구를 사귀지 못하였다는 것이다. 당시에는 마음을 나눌 친구가 얼마나 소중한지 알지 못했었다. 인생은 혼자서 살아가는 것인 줄 알았는데 지금에야 그것이 참으로 어리석은 생각이었다는 사실을 알게 되었다. 인생에는 때가 있다. 순수한 시절에 마음으로 엮어진 친구는 평생을 함께 할 영혼의 동반자가 될 수 있다. 함께 꿈을 꾸고 서로를 격려하며 마음을 나눌 수 있는 친구를 가진다면 인생행로에 큰 축복이 될 것이다. 이해관계에 얽매이지 않고 생각만 해도 가슴이 따뜻해지는 친구를 두세 명쯤 가진다면 인생말년이 훨씬 풍요로워질 수 있다.

넷째, 기꺼이 땀을 쏟는다. 학업이든 연구든 주어진 일에 매진하며 시간을 보낸다. 인생에는 연습이 없다. 살아가는 하루하루가 연습이며 실제상황이다. 땀 흘려 수고하는 노력 없이는 인생을 제대로 살아갈 수 없다. 투수가 전력을 다해 공을 던지듯이 매순간을 살아야 한다. 적당히 대충 넘어가는 버릇이 몸에 밴다면 중요한 순간에 실투가 나오게 된다. 언제 어떤 일이 닥치든 최선을 다해야 한다. 젊은 날에 흘리는 구슬 같은 땀은 보석 같은 가치를 지닌다. 작은 땀방울에 불과한 것 같아도 평생을 쌓으면 큰 흐름이 될 수 있다. 마지못해 흘리는 땀이 아니라 기꺼이 땀을 흘려야 한다. 행운은 준비된 자에게 찾아오고 기회의 문은 그런 사람을 향해 열린다.

안타깝게도 현재 이 땅에서 자신들의 미래를 가장 어둡게 바라보는 세대가 청년들이다. 희망에 부풀어 있어야 할 청년들이 질망감 속에서 허덕이고 있다. 이대로 간다면 그 다음 세대들에겐 더욱 암울한 일이 아닐 수 없다. 이들에게 희망을 안겨주고 기회의 문을 열어주는 것은 기성세대들의 역할이지만 청년세대들 또한 자신들의 꿈을 실현시킬 수 있도록 스스로 준비해가는 노력이 있어야 한다. 기성세대는 지금보다 훨씬 열악한 환경 속에서 역사를 일궈낸 창조자들이란 사실도 기억해주었으면 좋겠다.

더 나은 미래를 위해

이 땅의 청년들을 생각하면 마음이 무겁다. 보석 같은 젊음과 무한가능성을 지닌 존재들인데 어째서 그처럼 초라한 모습을 하고 있을까? 자부심을 갖고 찬란한 미래를 펼쳐 가야할 내일의 영웅들이 축 쳐진 모습으로 나날을 보내고 있다. 마땅히 우리가 동경해야 할 대상들이 동정의 대상으로 되어버렸다.

오늘날 사회적으로 만족도가 가장 높은 세대는 40~50대라 한다. 모든 세대가 만족을 누리지는 못할지라도 20~30대가 절망에 빠지는 일은 없어야 한다. 긍정의 마음과 미래에 대한 희망을 버리지는 말아야 한다. 그런데 그들이 꿈과 희망이라는 날개를 접고 어두운 마음으로 미래를 바라보고 있다. 암울한 일이 아닐 수 없다.

저물어가는 기성세대로서 청년후배들을 보면서 안타까운 사실은 그들이 땀을 쏟으며 인생을 설계할 일자리가 없다는 점이다. 우리 세대는 수많은 일터에서 일꾼을 부르던 시기를 보냈었다. 1, 2, 3차에 걸친 경제개발계획으로 온 나라가 변화를 꿈꾸던 시기였었다. 열악하기는 하였으나 마음만 먹으면 갈 곳은 얼마든지 있었다. 그런데 이젠 노인 일자리는 있는데 젊은이들을 위한 일자리는 갈수록 사라져가고 있다.

굶주림 속에서 땀으로 오늘의 영화를 일궈낸 지난 세대는 퇴역군인처럼 현실에서 외면당하는 처지에 놓여 있다. 역사의 애물단지인 양 비쳐질 때도 있다. 그들이 이룬 역사를 되돌아보아야 할 때가 아닌가 싶다. 오늘의 중심세대인 40~50대는 미래를 위한 투자와 영광보다는 기득권을 지키기 위해 안간힘을 쓰고 있다. 미래세대가 들어설 기회를 차단하고 있지는 않은지 살펴보아야 한다.

반세기만에 100위권 밖의 빈곤국가에서 세계10위권의 경제대국이 된 것은 과거세대의 고통과 희생 위에 미래를 내다보는 지도자의 비전이 이루어낸 결과이다. 개인의 자유가 침해당한 것은 사실이나 방향성이 옳았던 것도 부인할 수 없는 사실이다. 그 과정이 없었더라면 우리는 결코 이 자리에 오르지 못했을 것이다. 당시 배고픈 자에게 무한자유는 땀에 젖은 몸에 비단옷을 걸치는 것과 같은 것이었다. 누더기도 걸치기 어려운 환경 속에서 땀으로 온몸을 적시고는 했었다.

'Made in USA'와 'Made in Japan'만 바라보며 부러움 속에 살아오던 우리가 'Made in Korea'가 세계를 달리는 모습을 보게 된 것은 기적 같은 일이었다. 전쟁의 폐허 속에서 그런 일이 일어날 것이라곤 누구도 예상치 못했었다. 그런 미래를 내다보는 누군가가 없었더라면 도저히 일어날 수 없는 일이 일어났던 것이다. 하지만 여기서 끝낼 일이 아니다. 세계열강의 치열한 도전 속에서 살아남기 위해서는 다시 허리띠를 졸라매고 더 많은 땀을 흘려야 한다. 기업은 재정적으로 더 든든한 기반위에서 세계의 기업들과 힘을 겨룰 수 있어야 한다. 젊은 세대의 참여 없이는 불가능한 일이다. 청년세대의 두뇌와 땀이 미래를 열어가는 열쇠이기 때문이다.

이제 우리는 우리의 과거와 현재, 미래, 그리고 서로를 돌아보아야 할 때이다. 기성세대에게 우리의 미래까지 기대할 수는 없다. 그들은 미래세대를 위한 초석이 되어야 하고 어느 정도의 희생을 감당할 각오가 되어있어야 한다. 기성세대의 욕심이 다음 세대의 미래를 갉아먹는 일은 없어야 한다. 소득주도성장 같은 정책은 기성세대에겐 달콤한 유혹일 수 있으나 미래세대의 앞날을 어둡게 하는 어리석음이 될 수 있다. 청년들에게 급전만 채워주는 것 역시 일시적인 동정일 뿐 그들을 위한 진정한 배려는 될 수 없다.

청년들에게 희망을 안겨줄 수 있는 뭔가를 만들어 가야 한다. 그것은 기성세대들의 몫이다. 자유시장경제가 주도하는 세계시장에서 우리가 살아남기 위해서는 경쟁력 있는 기업과 그 기업을 꾸려갈 청년들의 땀과 두뇌가 필요하다. 기업을 튼튼하게 세우고 청년들이 그 안에서 일할 수 있는 바탕이 만들어져야 한다. 기성세대를 위한 배려에서 미래세대를 위한 투자에 힘을 쏟는 쪽으로 정책의 방향이 돌려져야 한다. 젊은 세대에게 길을 열어주는 것이 국가에게 주어진 과제라 생각한다. 이제 국가는 젊은 세대를 위한 정책 수립에 국가의 명운을 걸어야 한다. 우리의 미래는 그들에게 달려있기 때문이다.

아름다운 세상을 위해

　　　　세상에서 가장 무서운 존재가 사람인 것 같다. 옛날에는 귀신이 세상에서 제일 무서웠는데 언제부턴가 무서워해야 할 대상이 사람으로 바뀌었다.

　50년 전 시골에서 중학교를 다닐 때였다. 저녁 늦게 혼자 산길을 지날 때면 금방이라도 숲속에서 귀신이 뛰쳐나올 것 같아 등에서 식은땀을 줄줄 흘리면서 고개를 넘고는 했었다. 그러다가 어디서 사람 소리가 나면 그보다 반가울 수가 없었다. 그런데 이젠 밤중에 골목길을 가다가 사람을 만나게 될까 두려운 세상이 되었다.

　요즘 뉴스를 보면 갈수록 세상이 잔인해진다는 느낌이 든다. 용서라는 말이 무색해진 세상이다. 신은 인간을 용서한다는데 인간은 인간을 용서하지 않으려 한다. 성경에 용서받지 못할 죄는 없고 신은 어떤 죄도 용서할 수 있다 하였는데 인간은 용서보다는 보복을 꿈꾸면서 살아가는 것 같다. 용서를 하려고도 않고 용서 받기도 어려운 세상이 되었다. 인간은 불완전한 존재라 누구나 잘못을 저지를 수 있는데 그것을 풀어갈 방법이 없다. 허점투성이 인간이라 수시로 용서를 구하고 용서를 받지 못한다면 세상살이가 고단해질 수밖에 없다. 세상을 아름답게 하는 가장 좋은 수단이 용서인데 용서를 받으려는 사람도 없고 용서를 베풀려는 사람도 보기 어렵다. 신을 능가하는 심판자처럼 되어가는 것이 인간인 것 같다. 외로운 인간들을 가장 따뜻하게 엮어주는 사다리가 용서일 것 같은데….

  용서받기를 원한다면 먼저 스스로 잘못을 인정해야 한다. 그래야 용서받을 자격이 생긴다. 인정하고 뉘우치지도 않으면서 용서를 구하는 것은 거짓을 말하면서 구걸하는 행위와 같다. 원래 가진 죄에다 더 큰 잘못을 뒤집어쓰는 일이다. 한편 자신은 마음껏 죄를 지으면서 남은 용서하지 않으려는 고약한 심보가 또 하나의 세상 풍조인가 싶다. 분명 용서를 구해야 할 일인데 적반하장으로 상대방을 걸고넘어지는 예를 보는 것도 드물지 않다. 때로는 완전한 신처럼 군림하려는 태도를 보이는 사람들도 있다. 자신은 완전하고 남들은 불완전하다는 생각을 하며 사는 사람들 같다. 삼겹 철판을 얼굴에 깔고 이중적인 잣대로 자신과 남을 판단하는 사람들이다. 이런 사람들을 보면 세상 참 볼썽사납다.

　요즘 젊은 시절의 잘못으로 혹독한 대가를 치러야 하는 사람들이 자주 등장하는 것을 본다. 물론 그런 일이 아주 없었더라면 좋았겠지만 생각이 깊지 못했던 어린 나이에 철없이 저지른 잘못인데 용서받지 못하고 어둠속으로 사라져가는 것을 보면 마음이 아프다. 과거의 잘못이 언론에 공개되는 순간 많은 사람들이 집단 이지메를 가하는 것을 보면 참으로 염려스럽다. 언론의 순기능이자 역기능이라 할 수 있다. 지나친 잘못이 있었다면 법과 원칙에 따라 적절한 대가를 치르도록 해야겠지만 감정적으로 융단폭격을 가하는 일은 없어야 한다. 정말 죽을죄를 지은 것이 아니라면 용서받을 기회가 주어졌으면 좋겠다.

　물론 진심 어린 사과와 용서받을 만한 뭔가가 선행되어야 하는 것은 사실이다. 하지만 용서를 구하는 이들의 마음을 받아들일 만큼 우리 사회는 아량을 가졌는지 헤아려볼 문제이다. 용서를 받고 싶어도 용서를 구할 용기를 내기 어려운 세상이 된 것 같아 서글프다. 세상이 흉포한 것도 무서운 일이지만 잔인한 것도 무섭기는 매한가지다. 지난 잘못에 대해 쉽게 용서를 구하고 용서를 받을 수 있는 풍토가 만들어졌으면 좋겠다.

　서로를 할퀴는 잔인함보다는 용서라는 이름으로 서로를 받아들이는 아름다운 세상이 오기를 기대해 본다.

마음으로 여는 창